国文教育经典

章与句

下册

蒋伯潜 蒋祖怡 著

首都经济贸易大学出版社

·北京·

目　录

第二十一章　重来

虽然是春天了，但是天气却依旧是寒冷的。天空中布满着阴霾，像要下雪的样子。北风吹得很紧，将黄海上的冷空气带到上海来。人们心里也觉着有些阴沉，脸上总呈现出忍耐不去的神情——上海是没有春天的。

街头偶然出现几个穿着布袋的人，却被巡捕赶到弄堂里去了，于是街头依然是红红绿绿触目的霓虹灯，与风掣电掣般掠过的汽车。

"春天到了"这感觉虽然人们不会觉得，但是他们是知道的。有许多人被别人除夕的爆竹声惊悟过来，才知道时光有许多已在他们的手头溜过了。也许会因此而觉到恋恋与惆怅，然而，也只不过是恋恋与惆怅而已。

在风雪的寒宵中，这繁华的都市里曾发生过不少的悲剧。但是悲剧的演出也不过给别人观赏罢了，给别人叹惜罢了。又有许多喜剧中的角色，正在忙着打算如何可以给别人赞美，使自己享乐呢！

大都会里的形形色色，正如一面广大的镜子，里面充满着喜乐和悲哀的脸色，同时也现出了人类的矛盾。现在，是一个暴风的时代了，暗潮在这里澎湃，它吞噬了不少脆弱的人，而另一班人却正是暗潮的播弄者。

雨开始下了，是很微细的雨，像失意人的泪；它轻轻地落到地上来，像空中张着一面很大的网，一直拖到地面。风将它吹横了，润湿了人们的衣襟。这也是一个够使人悲惨的景象。春，到底在哪里呢？

那边，上海的尽端，汽车排列着，数不清楚。街道上有刚从"火山"里出来的人，悠扬的音乐和醉人的软语还在耳际徘徊；有刚从"乐园"里出来的人，摸摸自己已空了的口袋，走上汽车去；也有含着醉意的人们，东倒西歪地从酒吧间里出来。他们忘掉了这时代，忘掉了祖国和他们自己了。——春天是他们的。

1940年来到了，在许多人的心上，更深刻了一道新的创痕。

"这样，你太累了，整天整晚地写着……"一个年轻妇人的声音。

　　这声音是从一家二层楼的前楼里传出来的。这屋子并不怎么大，两张铺并摆着，再加靠窗的一张写字台和当中的一张方桌，也没有多大的余地了。壁上挂着一张小小的铅笔画像，是画家林林的手笔，下面有李亦平自己题的话。虽然只有寥寥几笔，整个李亦平的神态和面部特征都已很显明地映了出来。这画像的旁边，有一张不很大的单条，没有裱过，是写的杜斯退益夫斯基①的话，也没有署名。对面墙上只有一本日历，和下面淡淡的几笔孩子们的涂鸦。窗上只有一块帘幕，非常简陋，也许是一个被单改造的。窗外有一小片空地，有一枝已枯的垂杨直迎到窗口。屋子里一切都还整齐，只有写字台边的一个书架子上面零乱地放了许多书，一直堆到地上，在它上面盖了一层薄薄的灰尘。两张藤椅，一张的椅背靠着门口，一进门便可以看到椅背上"宏文中学"四个大字。

　　李亦平正坐在这椅上低着头急急地写。一个年纪

---

① 　今译陀思妥耶夫斯基。——编者注。

七八岁的孩子，穿了一件厚厚的棉袍，已从床上爬下来，头发挂在额角上，圆圆而黄黄的脸，两只大腿，很有些威武的样子；他在研究自己裤子上的一个补缀的创痕。

　　另外，一个年轻的妇人在扫地，穿着一件深蓝色的长袍，头发留得长长的，椭圆的脸，乍看去还很年轻的样子。她一面扫地，一面回过头来和她的丈夫李亦平在说话。

　　她放下了扫帚，走近了亦平，拍拍他的肩，低低地，婉转地：

　　"好了！歇歇吧！学校里快上课了，这几天也得歇歇了。第二期《文艺月刊》还差多少稿子？"

　　李亦平放了笔，回头过来，握住她的手，看看墙上的日历，有些感慨地：

　　"忙了半年啦！三十三岁了！……"

　　"别苦恼，我们能生活得这样舒服已经是幸福了。在乡下，你不是住过两个月吗？天天受惊吓，现在正是在天堂了。你也得留心自己的身体呢！"

　　李亦平站了起来，用手翻翻桌子上的稿子："第二期已差不多了，下午还得到书店里去领编辑费和稿费呢！"他向前走了几步，摸了摸那小孩子的头发："铁儿，上海好不好？"

铁儿扑到他爸爸的身上来，说："上海好，有汽车，乡下没有的呀！"

"你听！刚到上海没有十天的孩子，就知道仰慕物质文明了。"那女人笑着说。

"这才叫作'人心不古'哩！"亦平伸了一个呵欠说。

"宏文里你预备怎么样？"

"他们希望我仍旧教两班，但是我哪里有这许多时间，又要写稿子，又要编《文艺月刊》，自己又得顾到生活问题，我看还是答应一班吧，还有一班想叫赵鸣之去兼去，你看怎么样？"亦平望了他妻的脸苦笑。

近几天来，他亲自到苏州乡下去将家眷接了出来，但是上海的生活指数又高涨得可怕，寒假里，为了这桩事他曾踌躇过好几夜，终於他鼓起勇气，回家去走了一趟。

故乡的春天，只是冷酷和寂寞，在苏州东南的一个小镇上，他们一家又重聚了。在枪声里，在呐喊声里，他们含着泪见了面。孩子更长大了些，他也知道羡慕别人读书了。"庐舍依旧，景物全非"，李亦平深深地感到一种窒息。因此他决定将"家"迁移到上海来。

他看了看妻韦玉的脸，已不如从前那么丰满了，额上也些微露出了几条皱纹。暂别虽然只有半年，而忧苦与哀戚摧残了她，她在愁苦中增加了不少病态。

他眼前浮出一幕可怖的印象——狰狞的脸，尖酸的笑声，火车悲哀地狂呼；他们离开了久居的故土，像断梗的莲花一样，漂泊到异乡去。

"爸爸，我们什么时候再回来呢？"

一句孩子们普通常说的话，但是在亦平心里却像一枚尖尖的针，使他感到疼痛，一直到现在。

都市里的生活是可以咒诅的，两个不同的社会形成对峙的局面，整天在怒涛在澎湃，他们已走入这生活的旋涡里了。这半年，亦平在私立文学院里兼了两个学程，是"词史"和"曲论"，这两种科目他很有研究，虽然只有几个钟点，但是生活上已可以比较宽裕一些了。他又替人间书店在编一些文艺理论书和《文艺月刊》，每月也可以得到一些钱。宏文中学里的功课，为了兴趣，他想仍旧继续下去。

　　像一只载重的骆驼，每日孜孜地在人生的路上走去，没有休息，拿生命来当作自己的粮食。

　　"亦平，我也想去找一个书记或家庭教师做，也可以帮帮你的忙。你实在太繁重了，我怕这样会损害你的身体。"韦玉走到方桌面前，铁儿来搀住她的手。

　　"这，在我已是乐意了。能够和你们同在一起，虽然物质的供养是困苦的，但精神方面却可以安慰了。你，还是以前的小姐脾气，上海找事情并不像你理想那么容易，同时，你受不了许多气，还是在家教教铁儿吧！"

　　"爸爸，我也要上学校去。"

　　亦平看了韦玉的脸没有说什么，半晌，拉拉铁儿的手："这半年，还是叫妈妈教你吧，暑假以后再上学去，好不好？"

　　"但是，我顶好有一支自来水笔。"铁儿鼓着嘴说，引得亦平和韦玉都笑了起来。

　　桌上的小钟已指到十点了，韦玉走出房子准备做中饭去。铁儿伏在桌子旁边做算术，铅笔含在嘴里。

　　亦平又伏在桌上开始工作了。白的纸上现出一个一个的字来，他写得很快，同时烟也吸得更多了。

　　外边偶然吹来了一阵微风，带进几丝雨片来，溅在亦平的脸上。他似乎不曾觉到，仍低着头在疾书。窗上是阴沉的天色，屋子里也因此更黑暗了。这里很寂静，钢笔在纸上写字的声音，飕飕地，有时也可以听到。

　　门口出现了一个孩子的脸，是瘦长的脸，穿着蓝布长衫。他走了进来，高兴地叫了一声："李老师！"

　　亦平抬起头来，笑容在他脸上浮现了。他向来的孩子点头，伸出手来叫他坐在旁边椅子上：

　　"章明！怎么会给你找到的？我记得还没有通知你呢。"

　　他叫铁儿过来，向章明招呼一下："铁儿，这是章先生。"

　　章明拉过铁儿，向他端详了一会："别客气，咱们是弟兄，我叫章明，以后叫我明哥哥吧！"他高兴地向亦平："李先生，这是世兄？"

　　亦平点点头。

　　"我刚到宏文里去过，从前的校役张毛他曾送过桌子、椅子到这里来，这里的地址是他告诉我的，我一找就找到啦。"章明还有些孩子气。

"你学费已经交了没有？"

"谢谢李老师，我现在住在祖平的家里，替祖平的爸爸的朋友抄些东西，他答应每年除供给我膳宿以外，还给我四十块钱。如果拿到了，我一定先还你。"章明高兴地说。

"不，我本来诚心预备给你交学费的，那边的钱，你自己可以零用，不必还我了。"李亦平诚诚恳恳地说。

"李先生的好意，我是很感激的，不过李先生的经济情形也不怎么好，我不忍多花李先生的钱，那笔款子我一定要奉还的。"他用手摸摸自己的头发，显出亲热的样子。

韦玉走进房来，亦平替章明介绍了。铁儿闹着要到外边去，韦玉又哄他一同走了出去。

"祖平他爸爸要你抄些什么？"

"不是，是他爸爸的朋友毛先生的。毛先生在不知什么洋行里做监理，他想多用一个书记，祖平替我说了，便叫我每天替他抄写一些，是英文或者中文的公文之类。起初很觉得不容易，现在也弄惯了。我睡在陈家后面的一间小汽车间里，屋子很小，可是只有我一个人，祖平对我很好，这样，在我已经是二十分的舒服了。李先生，如果有机会的话，我想去考考邮务佐看，你看怎么样？"

"也好，能自己用功的人，做事情也有进步的。"

"舅舅也找到了事，他在铁厂里做办事员，每月也有六七十元的收入。"章明很快乐。

"今年你总算交了运。所以一个肯努力的人，一定有出路的，自己努力些吧！"

"我还觉得国文上的常识太缺乏了，许多较深的文章还看不大懂，更谈不上创作。李先生，我应该如何努力呢？"

李先生抽了一根烟，又打开了话匣子：

"要使国文进步，便得从几点基本功夫去努力，最初步的有六点：第一，先审查自己的标点有没有错误；第二，审查自己的段落是否分得适当，文章里有没有东一句西一句的毛病；第三，得检查每句文法有没有错误，单句和排句的安排是否均匀，单句连续在一起有没有不和谐的毛病？排句是否有力，是否多说空话；第四，自己的文章里有没有写错的别字和不妥当的词儿；

第五，自己的意思是否已完全表达出来，有没有晦涩的毛病；第六，整篇文章所用的体裁和题目是不是适当的，有没有将论辩文的题目写成新诗？

"上面这六点做到了以后，应更进一步去探讨其他的六点：

第一，自己作者的地位应有明白的认识，就是你做这文章是以什么资格来说话的？措辞有没有矛盾的地方？第二，读者的对象怎么样？就是你的文章预备给哪一种人读的？有否太高深或者太浅易的毛病？第三，文章的重心在哪里，你有没有明确地指示出来？第四，文章的时代背景怎样，你是否已犯了忘却时代的病？第五，文章的体裁，小品文有小品文的意味，诗有诗的风趣。如果将适宜於诗或小品文的题目写成论文，那便乏味了。第六，文章的开头和结尾很有研究的必要，但是议论文和小品文的结尾却不同。前者要一个明确的结论，后者要有绕缭的余味。这也要作者自己去研究了。

"至於鉴赏别人的文章，也要依照上面的十二个条件来判断，来将别人的文章仔细加以分析，加以研究，方才可以领略它的优点或指出它的缺点。

"所以文章单从教科书里去学习是最愚蠢的事，我们应该具有相当的普通常识，所以单是会写几句而常识不丰富，其内容也往往是可笑的，章实斋所谓'井底天文'便是指这一班人而说的。

"现代文章中所应用的术语，大都是从别的科学上出来的，例如'原子''分子''游离'等词，不从化学上了解这名词是不能应用的；'速率''分析'等也和物理学有关系；又如'内观''人生观''下意识'等等，是心理学上的名词，如果对於它们没有相当的认识，当然不能来应用它的。

"同时，就文章的内容——思想——而论，单是拼命读熟几篇选文也容易犯枯窘的毛病。所以要充实思想，非多研究旁的学科不可——不研究，也得了解它一些普通的常识的。

"现代的文章，不是为作文而作文了。你看古代许多名家，他们空空洞洞地做出一篇文章，只要表面精彩，声调铿锵，便可以传之千古。如果现代作文也想如此，那真的在做梦了。现代需要的文章是新颖的，充实的；可以永存的价值在乎文章的内容，而不在表面的修饰。"

亦平忘了天气的闷热，他似乎这样也可以舒解他的抑郁。他滔滔地只管说下去。

"还有，这是我个人的见解：教室里作文，再好由学生自己去出题目，这样每个人可以尽量发挥他的天才了。可是这事情又似乎是行不通的：如果我这样做，那么一定有几个学生会在《作文精华》这一类书上抄一篇来骗我的。天下的事情总是如此，各人肯凭自己的良心来努力，那什么都有办法，否则'道高一丈，魔高十丈'，也是白费心思的。"

"李先生，"章明插嘴说，"我看我们一级同学比往常更努力，至少国文一科是如此的。"

亦平脸上浮出一阵浅笑，这安慰在他是最有力不过的了。

外边的雨下得更大了。春雨是令人愁苦的，它将晴朗的天气变成了可怕的黑幕，来勾引人们忧郁的心。它洒在细草上，洒在花枝上，微风又将它吹开了，丝丝地飘进屋子来，屋子里的人感到了一阵寒栗。

韦玉端了几盘菜进来，揩干净了台子。她的举动很纯熟，也很轻松。铁儿一跳就跳上了桌边的木椅，韦玉拍拍他的肩膀，慈祥地：

　　"铁儿，叫章先生在这儿吃中饭吧！"

第二十二章　怎样写成一个好的开端

夜深了，雨还在下着，屋子里岑寂得很，二十五支光的电灯微弱地放出光芒来。弄堂里什么声音都没有，偶然一辆汽车在雨中驶过，发出"嘘嘘"的响声；卖馄饨的引吭高叫了一下，它是一种刺耳的凄凉的声调。

铁儿已经睡熟了，电光照着他红红的双颊，显出童年的美丽来。韦玉伏在桌上替铁儿做衣服，蓬松的头发垂在她的额上。她偶尔偷眼看看亦平，看到他在沉思了，没有说话，自己也浸润在沉思里。

韦玉的脑海里映出一个乐意的景象。她记得五年前的春天她在学校里旅行，也是在上海，她们彼此认识了。心的认识，是多么可喜悦的一幕啊！虽然事实已跟着时光成为过眼云烟了，到现在却变成了一个美丽的回忆。

但是亦平却在计划写成一篇短篇的历史小说，题材是《左传》上崔抒杀齐庄公和晏婴依正理而反抗的故事。他已将这故事的材料加以详细的分析，也曾揣摩得各人的性情。他面前摊着一张空白的稿子，上面一个字也不曾写过。他在计划写这故事的开端，故事的开端的确是一件不容易的事。

不久，他写好了长长的一段，是写景的文字，普通小说里常常以写景来做开端的。

"不行，不行！"亦平用笔将写好的文章勾去了，烦躁地;打破了屋子里的沉寂，打破了韦玉的幻影。

还是五年前亲热的样子，韦玉立了起身，想来安慰他："亦平为什么要这样烦躁的？你在想什么？"

"别闹，我想写一个比较好的开端呢！"

韦玉笑了起来，又高兴又埋怨地说"你这书呆子！"

亦平没有理她，他低下头又在写文章了。屋子里又静寂起来，急雨打在窗上，是寂寞的单调的声息。

韦玉将衣服做好了一个轮廓，她放下针线，想立起来去瞧瞧铁儿，亦平笑嘻嘻地拉她的手："你看，这个开端比前面的怎么样？"

韦玉静静地拿来看了，上面写着：

"齐都的古道上，骤然严肃起来了。"

韦玉点点头："这比写景和零碎分析个人的身躯面貌好得多，容易先使读者的情绪紧张起来。"

"所以写文艺作品，它的开始是很费踌躇的。高尔基以为小说最好有活的开始。普通写述风景的开始是太呆板太拘泥了些。所以托尔斯泰佩服普式金，说普式金是他的导师；他所写的动的开端，也是摹仿普式金的。所以有的小说先将重要的对话写在前面，也是这缘故。"

韦玉听了他的话，点点头，又将这未写好的文章念下去：

前面是一大群齐庄公的扈从，整齐的步伐，彩色的军衣，和在日光下闪烁的刀戟，他们带来了严肃，带来了威武。路旁的百姓们似乎起了一阵寒栗，远远地散进了他们的屋子里。也许，有几个正在门口探看，他们的脸上没有羡慕，没有严肃，只是一些鄙视的冷笑和痛恶的神情。

后面在兵士的步伐声中，又杂着车轮在石子路上辗过的声音，又杂着沉重的马蹄打在石子上的声息。显然这四匹雄壮高大的骏马，拖着一辆锦黻美丽的车厢，里面应该是一位英勇而值得崇拜的人物。

然而庄公却是一个极平凡的人。一张平凡的脸上嵌着一双多利欲而没有光彩的眼。几年来，被好酒美食供奉得胖胖的，嘴角挂着得意的笑容。

"这样很好，亦平，你又太用心机了。用历史故事做题材写成小说，比普通的小说更难写，因为它已经有现实的题材记载在书里，不能随意杜撰的。我想这是文艺作品上的特点，在普通文章里，却不必如此经心的。"韦玉看完了稿子上的文章，笑着对亦平说，自己又坐了下来。

亦平替自己倒了一杯茶，吸着了一根烟，慢慢地说：

"凡是想做一篇比较动人的文章，开端非仔细不可，不单是文艺作品如此。依普通的文体来说它的开端吧！"

"记述文的开端大都先提出所记述的事物的来源或起因。因为不如此，便没法再写下去了。例如魏学伊《核工记》的开端说：

明有奇巧人曰王叔远能以径寸之木，为宫室、器皿、人物以至鸟兽木石，罔不因势象形，各具情态。尝贻余核舟一，盖'大苏泛赤壁'云。

又如宋起凤的《核工记》的开端也说：

季弟获桃坠一枚，长五分许，横广四分。

如果这两篇文字里没有'尝贻余核舟一'和'季弟获桃坠一枚'这两句话，以下便无从写起了。这是最顺的写法。游记也是如此的，大抵先写述出游的动机或目的地的显映，例如袁宏道的《飞来峰》，开端便说：

湖上诸峰，当以飞来为第一。

又如张岱的《湖心亭小记》开端说：

崇祯五年十二月，余在西湖。

又如金俊明的《纪兰》，开首便说：

> 己卯仲春二十二日，文吾孟式诸君，偕余有石
> 湖之泛。

记述人物的开首或先述和这人所遇见的缘由，或直接说
明他的身世，但是这人物已经出名了，或者一开端便记
述他的轶事。例如袁中道的《回君传》一开首说：

> 回君者，邑人，於予为表兄弟。深目大鼻，繁
> 须髯，貌大类俳场上所演回回状，予友丘长孺见而
> 呼之曰回，邑人遂回之焉。

又如侯方域的《李伶传》，也先述'李伶者，金陵梨园
部也'。

"这是记述文的一种开端法。

"在另一方面，也有人开端先写一段小小的议论，
再引申到所要写述的事物上去的也很多，《史记》的
《伯夷列传》是一个例子。这写法，用於各人皆知的普

通事物、人物上是可以的，但是许多别人陌生的事物和人物，最好先得加以介绍。

"议论文的开端——连说明文在内——大致可以分作两种：一种是将自己的结论放在文章的开端，使本意明白地显露出来，例如《荀子》上的《性恶》篇的开端：

人之性恶，其善者伪也。

又如蔡元培的《我的新生活观》一文里，开头说：

什么叫作旧生活？是枯燥的，是退化的。什么叫作新生活？是丰富的，是进步的。

便是将文章的重心放在篇首，下面的许多文章都是演绎这一句的。从前批评文章的人说它是'开门见山'。

"还有一种，前头先说一些与本题有关的话，而将重心放在后面，例如胡适的《不朽论》开头先说：

不朽有种种说法，但是总括看来，只有两种说法是真有区别的：一种是把"不朽"解作灵魂不灭的意思，一种就是《春秋左传》上说的"三不朽"。

下面便将这两种说法都驳斥了，而写出他的'社会的不朽论'来。这也是另一种写法。如柳宗元的《零陵三亭记》，是记述文，上面也加了这许多议论。又如丰子恺的《现代建筑的形式美》：

> 现代建筑的形式美，约言之，有四条件：第一，建筑形态须视实用目的而定；第二，建筑形态须合於工学的构造；第三，建筑形态须巧妙地应用材料的特色；第四，建筑形态须表出现代感觉。

虽然似乎是将重心放在前面的，但下文却有更简括的一句话，说：'现代建筑界的宠儿Le Corbusier有一句名言："家是住的机械。"……大家从机械上探求建筑美，换言之，即从实用价值中看出艺术的价值。'这是将重心放在后面了。和《不朽论》的写法是一样的。

"描写文和抒情文它们的开端的方式各不同，但也不外乎直说本题与先说开去的两种。茅盾的《都市文学》的开端是：

> 中国第一大都市、"东方的巴黎"——上海，一天比一天'发展'了。

而朱自清的《背影》却直捷爽快地写出：

> 我与父亲不相见，已二年余了，我最不能忘记的，是他的背影。

写景，写情，也都是这样的。"

铁儿一阵梦呓声，打断了他的话头。他打开窗子，一阵冷意充满了屋子。

"你这一番话，很有些意思，但是只能给初学国文的人的一个规范。如果会做文章的人，依了你的话来做文章，便受了拘束了。"韦玉反驳他。

"那当然！不过近几年来，学生还脱不了私塾习气，每逢作文，在桌子角上放着一本《作文精华》之类。这种书，又不是选集名作，也不是经心之作，不过用了各种不同的题目，写几句滥调或空洞的话来供给学生们抄袭而已。同时学生也学会了这一套，先生没有出题目，他们就在纸上写好一个现成的开端'人生於世'或者'人为万物之灵者，何哉！'或者'时光过得很快'这一类滥调，整篇结构既不加考虑，开端更不用心。从前我曾出过一个'春日纪游'的题目，有一个学生开端便说'一年之计在於春'，这也是好用成语的病。"亦平说得出神了。

"哦，那一次作文我替你批改的，还有一个人做得滑稽呢，他开头说：'一年分作四季，是春夏秋冬了。'下面说了些春日应该出游的话，一篇大文就此完了，正是'痴人说梦'哩！"韦玉笑着对亦平说。

"国文程度低落是一般的现象，上海更不行了。他们连最平易、最简单的文字还写不清楚，如何谈得上文艺、小品呢？以后这样下去，世界上国文不通的变成了通的，於是我们的作文变成了不通的了。"

大家狂笑起来。

"我从前在内地女子师范里给林敏代课，初中二年级，我选了一篇龚定庵的《记王隐君》，开头是：

> 於外王父段先生废簏中见一诗，不能忘。於西
> 湖僧经箱中见书《心经》，蠹且半，如遇簏中诗
> 也，益不能忘。

这开端我觉得淡而有余味，大有魏晋人谈话的风味，我
对她们说出我的感想，而她们却说这篇文章不好，没头
没脑的，我拼命解释说了半个钟头，她们仍是不懂。这
真是要命的。你呢，你遇到这种时候，将怎样解释给她
们听呢？"

"我想她们觉得没头脑，大约是首句省了主词
'我'的缘故，同时句子简单了，使她们不懂。——这
的确是一件困难的事。所以从前人要说'只可意会，
不可言传'了。程度不同了，理解力也不一样的。"

"还有鲁迅的《秋夜》，开头也很兀突：

> 在我的后园，可以看见墙外有两种树：一株是
> 枣树，还有一株也是枣树。

这起首的两句，在他整篇奇幻的文字中是很有帮助的，但是另有一班人却认为在开玩笑，以为他故意如此，使看的人发发笑而已的。"韦玉说，用手揉了她的眼睛。

"关於文章的开首，我以为还是淡泊而自然的最有趣味，《世说新语》中的谈话，和明代末年的小品文，它们的开端也是经过研究，不落庸俗。近代文艺散文，好的不多；小说，作者也大都致力在整篇的结构上，往往将开首忽略了。所以什九是一大段零碎而冗繁的风景的抒写，或者屋内布置的写述。当然，风景的记述，足以衬映当时人物的心情；屋内一切的布置，也可以画出屋子主人的性格的。但是将它放在小说的前面，会使读者望而却步，先怀着一个烦腻的心神。剧本也是如此，一上场，最好在观众的扰攘中用表情或动作先来镇压一下，这时候的对话，也得力求其有力与短促。文章的开头，关系於整篇的文章的优劣。"亦平向来的习惯是晚间不喜欢早睡的，愈是深夜，他精神愈好。大约前几年，他在报馆里做过十个月的编辑，这生活习惯，他改正不过来。每逢到他的妻睡眼矇眬的时候，他故意滔滔不绝地说下去。

韦玉看看桌上的稿子，伸得平平的，有时偶尔被风吹起一角来，在桌上伸缩着。她看了亦平的脸："你这篇文章先写齐庄公吗？那么正文不是太少了吗？"她的意思想换几句话来说，顺便催促亦平去睡。

亦平并没有回对她的问话，依旧说下去：

"从前老学究作文，先写'呜呼''夫维''嗟乎'等字，现代人作文喜欢用'啊''一切的一切'，这都是临文乱诌的毛病。作诗的开端也重要，开端的几句可以表示这诗的气势。例如杜甫的'车辚辚马萧萧'，这是一个平平的哀凉调子；而李白的《将进酒》'君不见黄河之水天上来，奔流到海不复回'便是气势雄壮的好诗。也有人因为李白的《蜀道难》的开始写着'噫吁嚱，危乎哉，蜀道之难，难於上青天'，於是便引为老例，一诗一文的开头便用叹词，这是仿古成病了。

"纪事诗的开端各各不同。《孔雀东南飞》先以比喻起始的，《木兰辞》便先写一个女子在闺房中的情节，《长恨歌》依故事直述，而吴梅村的《圆圆曲》开首更奇特而有趣：

　　鼎湖当日弃人间，破敌收京下玉关。

　　恸哭六军俱缟素，冲冠一怒为红颜。

它有奇特的气势而不流於庸俗，是一个纪事诗的好开端了。"

　　亦平知道他妻子的意思，故意拉长了他的话头，要她老老实实地向他求情。他故意再倒一杯茶，再点了一根烟，预备做再说下去的表示。

　　韦玉痴笑地看着他的脸，没有说什么。

　　铁儿又在呓语了。

　　外边传来小贩的呼声，不久，一阵嘈杂的人声高响了起来，是从舞场和戏院子里归来的男女。他们有的在谈论，有的在唱歌。一阵拉开铁门的声音。不久又寂静了。

　　"睡吧，快一点钟了。"韦玉终於向他求了情。

　　室外的风雨依旧，这屋子里的灯全黑了。

第二十三章　怎样写成一个好的结尾

　　宏文中学里经过了一月的寂寞，现在又变成热闹的场合了。上课后的第一个星期一，大家已镇静了自己，开始来开垦荒芜，来浚治知识的源泉。

　　秋二教室已换在二层楼上转角的一个第四教室了。窗外正是隔壁大宅的园庭，那边有高大的树木，碧绿的草茵，在园庭中间砌起几个花台来，里面整齐地种着不少花朵，假山两旁种着两摆对称的冬青，像两道短短的墙。

　　教室里充满了阳光，许多年轻的孩子伏在窗口，太阳抚摩他们的头发显得更温和可爱了。

　　一月的分离，祖平长得更高了。穿了一件灰色的棉衣。他在过去半年中，经历过许多人间的喜悦和悲哀，他再不和以前一样地顽皮、偷懒。他认识了章明，章明给予他更多的热情，也启发了他更多的知识。自己是一个在贵族家庭里豢养出来的孩子，他对於社会黑暗面的了解，是章明的赐予。

林志坚在上学期依旧是第一名，他什么功课都在水平线以上。正因为平日太用心的缘故，在寒天，他显得更消瘦、更枯萎了，背也渐渐弯曲起来；心绪也不宁，渐渐变成一个忧郁而少说话的人。但是他依旧肯努力，这明明是功课摧毁了他，而他自己还不曾知道。

孔夫子——他们的书法家王绍其依然是那种态度，但是他对李先生的信仰却加深了。近来他似乎也懂得一些人情，在教室里也会含着笑对付别人对他的播弄。有时也喜欢说说别人。严肃——在他身边的严肃的空气已经完全消失了。然而他始终是孔夫子，有余暇的时候，他总大声地在诵读韩愈或欧阳修的文章。

在他们这个小小圈子里，少了赵云峰和李铭常两个。因此语文研究会里也少了两个重要的角色。同时徐修锦和徐修文又带来了一个女友王之英，陈定一的弟弟定五也考进了宏文，这无异是语文研究会里的两个候补者。

但是他们谈论的中心，却是李明山——他们的艺术家。

当章明申述去年和明山最后一次谈话的时候，他们的议论就开始了。

"可惜，在我们一班里有这么热心而勇敢的人，我们却不曾知道，失却了一个可交的友人。"王绍其惋惜地说。

"你记念他吗？算了吧。他平日最瞧不起你呢。你在念古文，他常常斜着眼，露出讨厌的样子。如果你去亲近他，说不定还要被他臭骂一顿呢！"钱嘉淦依旧是一种孩子气。

"骂我？让他去骂去，反正我只对他表示我的友情，理不理，是另外一个问题。"

"章明，他对你有没有批评我们过？"祖平耽心地问。

"没有。"章明在沉思过去的事，"他正是一个绝聪明的人，平日也不怎么用功，作文常常有很佳妙的思想和文句，李老师批评他的文章说'聪明有余，学力不足'，也可以来批评他整个的人。现在，他不知流徙到什么地方去了。"

"有人说他是私生子呢！"陈定一穿着簇新的大衣，也挤了过来。

大家默默地没有说话。章明感到一种窒息，像有什么不快意塞住了他的心似的，他一个人走到那一个窗口去，呆呆地望着窗外。

太阳从高树上移到冬青树上面，几个天真的孩子从院子里跳了出来，转过假山的右边，在草地上坐着斗草。天空里一只①飞机向东过来，发生隆隆的声音，孩子们高呼起来，像仇视的样子；他们举起地上的草根，向空中掷去，但是无力的花草又随风跌到地上了。

微风带着暖意，吹到教室的角落里，吹到孩子们和教室里青年们的心上。他们薰薰然地含着一种不可名言的纳闷。

几个女同学在谈话，尖锐的笑声刺到章明的耳朵里；接着钟声响了，他默默地坐在自己的座位上。正好，他的前面坐着祖平。

"今天发作文吧！唉，昨天我的文章做得太不像话

---

① 原文如此。今用"一架"。——编者注。

了，尤其是下半篇，时间又匆促，怕李先生要不高兴呢。"祖平回过头来，他怕今天上课时李先生会当众批评他的文章。

李先生走上讲台，依然是往前的样子。他的头发很蓬乱，胡子也好久没剃了，脸色黄黄的。但是他却有一种力量，引动了每个同学的心。

他开始讲解《核舟记》的末一段议论：

> 魏子详瞩既毕，诧曰：嘻！技亦灵怪矣哉！《庄》《列》所载称惊犹鬼神者良多，然谁有游削於不寸之质，而须麋了然者？假有人焉，举我言以复於我，亦必疑其诳，乃今亲睹之。由斯以观，棘荆之端，未必不可为母猴也。嘻，技亦灵怪矣哉！

"从前人作文，记述一件事物，末了，往往喜欢来一段空泛的议论，当作收尾，其实这变成画蛇添足了。

"文章的结尾非常重要。从前作文有心得的人，常常将文章的结尾加以研究的。结尾的技巧，简单说来，要求其有余味，能够婉曲。做到不'意随笔尽'方可使读者有深刻的印象、隽永的趣味。拿古今小说来做一个对比，中国古代小说一定要有一个大团圆，这便是说到了山穷水尽的地步，别人看了末了也只是废书而叹，再想下去一无可想，因为过了团圆时期，下文便无从想起，读者也意兴索然。新文艺作品却不如此，易卜生的《娜拉》，写到娜拉离开她丈夫为止，以后如何，读者可以自己去猜想，正有余味缭绕的好处。有人一定要问下文如何，便是蠢东西了。例如说一个笑话，说到可笑的地方，便结束了这个故事，如果有人一定要说故事的再讲下去，也未免大煞风景。"

祖平听得眉飞色舞起来："对啦! 妈妈也说过的。"

大家听了祖平的话,也跟着笑了起来。祖平脸上罩着一阵红云，他低下了头。

李先生不久又说了下去：

"无论戏剧、小说都是如此，在故事的最高点结束了，这是最好的写法。《红楼梦》里写贾宝玉做了和尚，就此结束一幕悲剧，也耐人寻味; 而读者偏喜欢去看《续红楼梦》，喜欢叫林黛玉复活，叫贾宝玉还俗，还俗复活以后怎样，也不过普通人间的结婚、生儿子而已。"

教室里又起了一阵笑声。

"因此，我们写文章，千万不要犯这毛病，结尾要求其有趣，但是也不要太晦涩。例如这篇《核舟记》，删了末后一段议论，是很好的一篇文章。它的末段写：

> 通计一舟，为人五，为窗八，为箬篷，为楫，为炉，为壶，为念珠各一。对联题名并篆文，为字共三十有四，而计其长曾不盈寸，盖简桃核修狭者为之。

其中已将核舟的技巧显出来了，即使不加议论，读者也已了解刻者的手艺，何必多说呢？试再看宋起凤的《核工记》末段，你们已经念过了：

> 计人凡七：僧四，客一，童一，卒一。官室器具凡九：城一，楼一，抬提一，浮屠一，舟一，阁一，炉灶一，钟鼓各一。景凡七：山、水、林木、滩石四，星、月、灯火三。而人事如传更、报晓、候门、夜归、隐几、煎茶，统为六，各殊致异意。

　　且并其愁苦、寒欢、凝思诸态，俱一一肖之。

他比魏学洢来得聪明，到此为止，恰得好处，再说下去便变成噜苏了。

　　"因为他们都是写静境的，只有这种写法。又如林嗣环的《口技》，他记载动的写述，在开端说：

　　　　京中有善口技者，会宾客大宴，於厅事之东北隅施八尺屏障，口技人坐屏障中，一桌，一椅，一扇，一抚尺而已。

当中说了许多口技的声音，而末了却说：

　　　　忽然抚尺一下，众响毕绝，撤屏视之，一人，一桌，一椅，一扇，一抚尺而已。

然而是重复，但重复了足见其用具之少，也可衬出口技人的本领了。这也是一个很好的结尾。口技者的技巧，读者自然会明白的，不必多议论了。

"写一件事实的经过，末了也有用当时的一种风景的叙述来衬托作者的感情的，例如龚自珍《记王隐君》的结尾：

> 桥外大小两树，依倚立，一杏，一乌白。

虽然只有淡淡的几句，可以衬出王姓隐士屋外的风光，也可见到作者当时的印象，很具体地出现在我们的面前。又如归有光的《项脊轩记》一文的结尾写着：

> 项脊生曰：蜀清守丹穴，利甲天下，其后秦皇帝筑女怀清台。刘玄德与曹操争天下，诸葛孔明起隆中。方二人昧昧於一隅也，世何足以知之，余区区处败屋中，方扬眉瞬目，谓有奇景。人知之者，其谓与陷井之蛙无异。

这一段不但是废话，而且意义也互相矛盾，真有'不知所云'的毛病。但是后来附记的一段的末尾却很有趣，他说：

> 庭有枇杷树，吾妻死之年所手植也，今已亭亭
> 如盖矣。

粗看来是只在说枇杷树，但其中却含有无限的伤感，有
‘物在人亡’和‘景物全非’之痛，和《世说新语》上
载着桓温的话‘树犹如此，人何以堪’同样有趣。又如
朱自清的《背影》的结尾，他说：

> 我不知何时再能与他相见！

其中也含有不少的感叹和想念。

　　“诗词的末句婉曲，也是重要的一个成分，例如李
商隐的‘斑骓只系垂杨岸，何处西南任好风’，秦韬玉
的‘苦恨年年压针线，为他人作嫁衣裳’。词如李白的
‘何处是归程，长亭更短亭’，欧阳修的‘泪眼问花花
不语，乱红飞过秋千去’，范仲淹的‘人不寐，将军白
发征夫泪’，都是留了不少的余味在读者的脑海中的。

　　“但是有许多议论文却往往是斩钉截铁，以一个断
语来做结尾的，因为议论文重在理智，重在有一个醒目

的结论，不需要缠绵悱恻的感情。例如贾谊的《过秦论》，他先说秦势之强盛足以吞并六国，而后来又述秦末亡於匹夫之手，最后他下了一个结论说：

仁义不施，攻守之势异也。

像几万条泉水合成一条大河一样，前面说许多许多的议论，而在最后赅括地下了这么一个断语。又如韬奋的《分头努力》的结尾是：

让我们在民族解放的大目标下，分头努去干去。

也是在末了将原意的重心再申述一下，便此戛然而止了。这几个都是我们作文的好榜样。

　　"你们上次作文里，写《寒假旅行记》的很多，末了，差不多都犯了结尾不好的病。有一个同学记载从前到龙华去的游记，末了，他说：'我们急急忙忙地赶回家来，吃了夜饭，又和弟弟玩了一会，我就睡了。'这一点是旅行以外的事，写在此地，也是蛇足，而且这样结尾又有什么意思呢？又有一个同学写着：'我们由原路回来，仍旧看到去时路旁的大树和地下的小草，走了不多时，原来已到家了。'这里第一句是笨话，大树和小草到处都有的，不必说它。既然是由原路回来，为什么到家都不知道呢？这样结尾也欠斟酌。

"总之，大家并不曾把结尾看重，以为随便写一句来收束一篇文章是很容易的事。哪知道结尾的不好连累了整篇文章，读者读完你的文章，便感到一种乏味。有一个同学，他写得聪明些，他说：

　　我们恋恋不舍地离开了那里，到家已是万家灯火了。

这说法比普通一般的说法好些，但是也似乎觉着太平凡些。总之这是由於每个人自己多读多看一些书，也没有一个板定的方式的。我所说的不过是几点原则罢了。

"所以我作文也主张'性灵'的。懂得'性灵'的人，他一定会辨别出文章的呆滞处和聪明处来。例如说议论文大都是用断语做结的，但是不用断语做结的也并不是没有，例如苏洵的《六国论》，他将重心放在篇首：

> 六国破灭，非兵不利，战不善，弊在赂秦，赂秦而力亏，破灭之道也。

而结尾却更进一层说，留下了余味：

> 夫六国与秦皆诸侯，其势弱於秦，而犹有可以不赂而胜之之势；苟以天下之大，而从六国破亡之故事，是又在六国之下矣。

他言外之意，是针对着宋与金的情形而说的。所以即做史论，也应有目前的时势批评在，并不是单将一段故实来泛空议论的。

　　"因此议论文也有了不以断语做结尾的例外。这要读者自己去留心辨别许多小说、剧本，它们会告诉你文章在什么时候结束是最妥当的。"

　　窗外的阳光渐渐斜照在东边的墙上了，教室里更明朗了些，黑板写着的几个白字显得更清楚了些，祖平和章明都在纸上做笔记，写得很起劲。

一阵风吹进来，吹动了李先生已乱的头发。

王绍其立了起来："先生！有几个常用的结尾，可以用吗？"

李先生怔了一怔，他疑惑地问：

"你的意思是说哪几句结尾呢？"

绍其涨红了脸，没有说话。

李先生蓦然明白过来，本来微笑着的他又突然大笑了。他向着绍其："你说是几个滥调吗？有许多人作文，常常在结尾用同一的调子，也常常用叹词来收尾，例如'噫''呜呼'或者来一段'由此观之''总上以观'，其实各应情形的不同而用它，也不能说一定好用，一定不好用。"

王绍其又立了起来："先生，议论文末了大都有一段用'或曰'开头的。"

李先生点点头，又说了下去：

"不错，这是作者因为他前面的文章里尚有一些小小的破绽，深恐有人来反驳他，于是便假设一个人来问他，而自己再将他的话反驳了。如果作者对於前面的议论已经没有破绽，便不要再用'或曰'了。"

太阳反射过来，照着李先生微笑的嘴角。

第二十四章　动作与对话

"做文章做过分的描写，我想，这容易变成旧式谴谪小说的写法，是不大好的。"章明坐在床沿上对祖平说。

他们像坐在石室里，一间小小的屋子四边都是泥墙，只有南面有一扇大木门。虽然是在白天，也得利用灯光来补充这屋内的阴沉。一张大写字台上面堆满了许多零碎的纸头，一个小茶几和两张粗糙的椅子便算是这屋子里唯一的陈设了。墙色是灰色的，所以里面终日像晚上一样。

章明关了电灯，开了前面的木门，下午微弱的阳光立刻从门口泻进来，同时也带来了些春风。

"但是文人作文却老是喜欢过分。鲁迅的《阿Q正传》便是一个例子。"祖平依着桌子坐在木椅上，笑眯眯地。

"前次不是在报上有一篇论动作的文章吗？他说动作可以使文章具体化，使文章变成有声电影而不是无线电的播音。这两句话，很有些理由，我们作文只是一篇平面叙述，非但没有做人物性格上的描写，而且也没有注意到动作。"

"是的。"祖平抢下去说，"这是我们缺少观察和经验的缘故。照自己肚子里空想，往往写不出更真切的东西来。不知道我们应该从哪一方面去努力呢？"

门外走过了一个人，将细长的影子投射到这屋子里，接着这屋子里出现了一个瘦长的人。

祖平欢呼起来，立刻迎了上去，握住了他的手。

"哥哥！你什么时候来的？为什么不先通知我？"

章明也立了起来。祖平介绍他这就是他的哥哥——陈祖年。

祖年穿着一套黑色的西服，外边是深灰色的大衣，头发向后直梳，高高的身材，再加上一张长方形的脸孔。高高的鼻子，上面长着和祖平一样的大眼，显出决断的眼光来。他温柔地向章明招呼了一下，随即坐了下来。

"这一次，我因为公司里要到上海来买机器，所以特地派我来走一趟。这，连我自己也想不到的。那时候，我写信给你也来不及了，反正总可以见面的。不凑巧，今日爸爸出去了。"祖年的话，喉声很洪亮。

"爸爸近来下半天常常出去，不在家，不过吃晚饭以前总回来的。妈妈你看到过没有？"祖平很亲热地贴近他哥哥的身子，将手放在他的肩上。

"妈妈和姨妈在谈天，她说你在这里。"祖年喜悦地看看祖平，"你高得多了，你的功课也一定有进步了。"

祖平红着脸看看他的哥哥，他感到一种安慰，一种惭愧，然而他又感到喜悦，多天想念着和哥哥见面，今天果然能够实现了。他想不出应如何向他哥哥表示欢迎与热诚，这，在这时却变成了一种羞惭的心理。

"章明兄，在祖平给我的信里，常常提起你，你是一个肯努力的人！"祖年客气道。

"不，不，我哪里谈得上努力，我是一个家境很贫乏的孩子。"

他们一同走出这屋子来，向右边草地上走过去，是一片小小绿色的草地，有几株尚未开花的凤仙与蔷薇。

那间会客室里已变了样子，靠窗的淡绿色的帘幕已换上了淡红色的了；太阳透过来，满屋子里都是鲜明的红色。当中是一张方桌，靠床上面也已换了皮毯了。炉子生得很旺，在墙角的壁炉的火光熊熊地直照到他们的面上。

祖年陌生地又重新将这屋子观察一下，有些不大乐意的表情，他似乎觉得生活得太舒服了些，默默地在窗口的沙发上坐了下来。

祖平还是和以前一样，有些孩子气，他一直跑到里面去，手里搀着一个天真而白胖的孩子。

"英妹妹，走过去叫一声大哥！"

那小孩子睁着眼向祖年看了半晌，不敢叫，也有些不愿叫。祖平拉她过来，她ㄨㄚㄨㄚ地哭了。

章明赶过去扶住她："别哭，明哥哥来抱你。"他用手抱了祖升，坐在对面的椅子上，和她在纠缠。

一个女佣人跟祖平出来，将小孩子抱了去。

"哥哥，你很喜欢研究文艺，我们刚才有个问题，要你解释一下呢。"祖平坐在他哥哥的沙发靠手上。

这句话把在沉思中的祖年惊醒了，他勉强含着笑："什么问题？也许我会不知道。"

"刚才我和章明谈起，文艺小说里面，对於动作的描写是很有帮助的，但是我们作文往往写得不讨好，这应该如何来补救呢？"祖平看看章明，是要他也说话的意思。

"祖年先生，我们不知道有没有程度来了解这个问题？"

"这是一个很重要的问题，在写作中是不容许忽略的。但是描写动作，着重在'真切'。多说而不符实际是没有用的。要如何描写才能切实，那便要自己观察了。法国写实主义派的作家对於这一点非常重视。莫泊桑常常在空间里注意第三者的一切动作，所以每次写述同类的人物的动作时，脑子中便先有了一个具体的印象，便处处切合於所写的人的身份而不至於不近情理了。

"从前林琴南翻译西洋小说，说一个人发怒极了，'拂袖而去'。'拂袖而去'来代表怒的样子，在中国古代是可以用的，但是现在西洋人的袖口很小，如何能'拂'呢？这完全是因为观察不周到便有了不切实的毛病。"

"这是林琴南不懂得外国习惯的缘故。"祖平插嘴说。

"但是中国旧小说中也有这一种毛病。我在海船上曾看了一遍《红楼梦》，记得其中有一段是说贾雨村看甄家丫头的一段：

> 这里，雨村且翻弄诗籍解闷。忽听得窗外有女子嗽声，雨村遂起身往外一看，原来是一个丫头在那里采花。……雨村不觉已看呆了，那甄家丫鬟采了花方欲走时，猛抬头看窗内有人，敝巾旧服，虽是贫穷，然生得腰圆背厚，面阔口方，更兼剑眉星眼，直鼻方口。这丫鬟忙转身回避。

雨村朝这丫头立着，如何能看到他'背厚'呢？这也是描写不真切的病。其他如'往外一看''转身回避'也嫌含糊而不真切。

"动作，可以帮忙个人的说话，《论语·八佾》篇里说：

> 或问禘之说，子曰："不知也。知其说者之於天下也，其如示诸斯乎？"指其掌。

这便是说，孔子一边说话，一边的动作是'指其掌'。如果没有这三个字，便整句不明白了。又如《史记·项羽本纪》里有一段：

> 项王留沛公与饮，项王项伯东向坐，亚夫南向坐……范增数目项王，举所佩玉玦以示之者三。项王默然不应。

这动作，是叫项羽决定杀沛公的意思，不用言语，而用动作来表达，真是有声有色的。日本芥川龙子的小说《橘子》里也有这么一段话：

> ……这时候，那半身探出车窗外的小姑娘也就伸出了她那冻伤了的手，向左右乱摆。忽然又有耀眼的染着暖日色的橘子一共五六个，噼啪噼啪地从空落到看送火车的小孩们的身上去。

其实这动作，简单地说来便是火车里的姑娘将橘子投给看火车的孩子们，而他却说'向左右乱摆'，又说：

'从空落到看送火车的小孩们的身上。'便觉真切而有味。所以动作不单是老实地抒写，而可以从观者所感的写出来。如果我们闭着眼仔细想想，便知道这种描写是非常真切的。

"你们念过萧乾的那一篇《邓山东》吗？他写出几个连续的动作写得很有味：

> 第二天早晨我到学校门口时，看见一簇人挤在邓山东儿担子那儿，个个老鼠似的低着头挑东西呢。瞧见我，他连连地拔起了身，扎出头来招呼："黄少爷来吧，新鲜的水果。"
>
> 我就忙着人多钻了进去。十几只手都探伸到一个大笸箩里抓来抓去，把虫蚀的往别那里挨，把又大又红的握到自己手里。

这一幅孩子们争买水果的各种动作，真切地在我们的脑子里出现了。

"我文艺作品看得不多，你们要我说，我只好随便抓几篇我所知道的来说说。"

"你也在这儿现身说法了。祖平老是这种脾气，碰到了人，拉住不肯放，噜噜苏苏地。"一种尖锐的声音传来，接着，他们的妈妈从里面走了出来。她回头又看到章明："章先生，你也在这儿。"

大家立了起来，又坐下去。妈妈在祖年、祖平的身边坐下了。

"很惭愧，自己也说不出什么。妈妈还是你来吧，他们说的是文章中的动作。"祖年向他妈妈说，又突然间，"爸爸什么时候回来？身体近来安好吧？"

"他近来也变得更合时一点了。孩子们谈谈新文艺，他也不干涉了。他常常念着你。今天你回来了，他一定很高兴的。"

祖年放心地吸了一口气："我不是说爸爸后来总会了解我的。"

祖平从地上跳到椅上，再从椅上跳下来去吓他们的小狗。突然又摸摸他妈妈的头发："妈妈，你说。"

妈妈假意发怒地掠开了他的手恨恨地说："要我说什么？"

"说一些关於文章的动作。"祖平正经地哀求她。

"不知道，快要做中饭了，今天烧几个鲫鱼给你哥哥吃。"妈妈故意和祖平开玩笑。

"咳，真的，妈妈我问你，我们同学做了一篇戏剧，开头和京戏一样，自己报姓名。后来被李先生骂了一顿。"他自己大笑起来，他妈妈和哥哥、章明瞧见他发狂的样子，禁不住也跟他笑了起来。

"告诉你，这件事在文章里和动作同样的重要，叫作'对话'。一段文章可以将对话省略了的，但便没有对话那么生动了。在普通文字里，试将对话去了，也仍是可以过去的。所以对话也应该经济。譬如两个人见面时，照例总是叙些寒温，这在文章中也可以省去。但是有些地方却以对话为灵动，因为对话可以表出各人的心境和性情来。例如《左忠毅公轶事》里第二段末了记述史可法的话道：

吾师肺肝，皆铁石所铸造也。

这句话，用在这里很着重，很有力。例如《济南城上》中有一段对话：

兵的肚子得到安慰，嘴里的话就多起来："喂，这次帮忙的正多啦。昨天下午我们在南城，有一个学生来帮我们，好家伙，打的泼刺极了！可惜他不懂得躲藏，不久就受伤了。"

"你说昨天下午？"皖生问。

"不错。"

"什么样子？"

"比你矮不多，长得真有点像你。"兵在仔细打量皖生的眼睛。

皖生手里的半截烟落了地。

"穿的蓝色学生制服？"他急问。

"不错。"

"伤得重不重？"他张了口望答复。

"左肩窝，有人救他也许不至於死。！我们哪里顾得！他倒下去嘴里还叫妈妈，我们都笑他要吃奶。"

皖生忽地站了起来。

"要回家？"兵问。

"不，去南城。"

"救人？"

　　"我的兄弟！"他说了就往南走。

　　"哎！"兵有点叹息。

这一段对话中可以看到皖生吃惊和踌躇的情形。短短的对话，简单的动作，句句都有用，都有力量，这样的对话才算好对话。这段话如果写成直述的文字也可以：

　　　　皖生在兵士的口中知道他弟弟在南城受了重伤，他吃了一惊，把手中的烟震落了。他急急立了起来，想到南城去看看自己弟弟。兵士有些惊讶，同时，看到他救弟弟心的迫切，也禁不住有些叹息起来。

但是没有像前面一段对话那样具体，那样使人感动了。所以直述之中能夹些精警的对话那才更有力量。

　　"最初步的写对话，便是要注意各人的身份。一个乡间出来的女人，她的谈话中绝不会引用什么'物质文明'等新名词的。同时，乡下的农夫，也不至於谈论什么'社会主义'，更不会引用'谁知盘中餐，粒粒皆辛苦'的古诗。写剧本，对话当然是一件重要而值得仔细研究的事，不能浪费笔墨，即使在普通之寒暄之中，也要显出说者的态度、个性来。在日常生活经验中，我们知道心里想透露某种情意，而嘴里说出来却变成另一种句语。因此，一个问题的讨论如何可以达到目的，是剧本作者值得研究的一件事。要设身处地地替谈话者着想。上面一例皖生和兵士所谈的话很多，而慢慢地引到正题上来，这也是费过一番斟酌的。凡是一句话说出来，其中隐藏着什么意思，在对话中应先考虑一下，同时要说出来了使读者容易明白，才是好文章。小说与普通文章里虽然用不到这样斟酌，但是能如此斟酌，对於全篇文章有很大很大的帮助的。

"你们最好多读一些剧本的名著，每一句话的传出，其时说话的人的心意如何，下一番研究，便容易领会对话的好处。文言文里不多用对话，但是有些重要的地方往往用对话或说白来表示的。你们同学的文章，他不懂得这些，以为不近情理的京戏的自述法是很好的对话，於是便不能传神了，整篇文字也受了影响。

"我可以简单地告诉你，动作与对话都是文章中重要的因素，第一要真切，第二不要矛盾，第三不要离开事实杜撰。至於如何才能巧妙，这要你自己平日留心。"

祖平听了他妈妈的话，耸耸肩，对章明微笑："这又可以当作语文研究会里的一个重要提案了。"

这时候，门铃突然响了起来，祖平揭开帘幕，向外望了一望，大声地："爸爸回来了。"

第二十五章　字的艺术

清晨，朝曦照着窗棂，一片金色的阳光直伸进屋子来，射在方桌子上，写字台上的绿色的玻璃板也反照出湛静的光来。微风正吹动窗上的帘幕，拂在书堆上，像慈母的手，风静时，又慢慢地飘出窗外了。

几只小鸟掠过了檐际，留着唧唧的鸣声。隔壁是一家有钱人的住宅，在深夜，在早晨，常常传过钢琴的弹奏来。这声息，往往会使人将自己浸润在愁思，引起无名的喜悦和悲哀。尤其是韦玉，她是懂得音乐的，也是爱好音乐的，常常闭着眼在听这悠扬的声音，像醉了的人一样。她常常挽着铁儿的手，告诉他刚才弹过的曲子的故事。

但是李亦平却讨厌这声音，有些时候，它会变成一种凄厉的悲鸣，刺痛了他的心胸。又似乎有许多调子，缀字属篇，必须练择：一避诡异，二省联边，三权重出，四调单复。

又说：

联边者半字，同文者也，状貌山川，古今咸用；施於常文，则龃龉为段。如不获免，可至三接。三接之外，其字林乎？

又说：

单复者，字形肥瘠者也。瘠字累句，则织疏而行劣；肥字积文，则黯黕而篇暗。善酌字者，参伍单复，磊落如珠矣。

所以像'绮缟何缤纷'便犯了联边的病。可见文字的形儿，与文章大有关系的。

"同时西洋未来派的艺术家，也注意於文字的直接的刺激力，他们主张在一页里，用三四种颜色不同的墨汁，二十种式样不同的铅字来印刷文章，可以使文章的刺激力加强。这也不是文字外形与文章有关系的证据吗？

"所以我叫铁儿学字，并不希望他成为名家，乃是要他知道字的风趣，和如何可以使字有趣味。"亦平滔滔地说出许多理由来。

"但是照艺术的眼光来观察，孩子们初学字的书法，未必见得比名人的钟鼎石鼓来得更有趣味，一阵临摹之后，反而俗不可耐了。"韦玉依旧不佩服亦平的议论，她一面在替孩子做衣服，一面和亦平辩论。

"但是童年的天真却不容易保持，年龄大了起来，往往会流成庸俗的一路的。像商贾开簿面的字，俗不可耐。所以能学，还是学的好。"

"那么你可以先叫他学钟鼎或者小篆好了，这不是於文字学更有关系了吗？"

"那理由很简单，因为现在通行的是楷书。"

"既然要书法有风趣，那么何必一定要临摹呢？'取法乎上，仅得乎中；取法乎中，仅得乎下。'即使写得和王羲之一样，也不过是王羲之第二罢了。我顶恨那些躲在屋子里听留声机片子而学梅兰芳、马连良等的唱戏的人。一句戏的曲折，学得惟妙惟肖，但是也只有几句而已。你学王羲之，那么，王羲之又学谁的？”

“反对摹仿的人，常常会说你那一些话。无论学画，学文艺，最初的学习的一个阶段，便是临摹。外国作家白朗宁曾模仿过雪莱的诗，杜斯退益夫斯基也曾模仿过雨果。写字更要如此，不临摹不能得其神似的。所以写字和读书一样，要多看、多写，才有进步。我的祖父书法是有相当名气的，他曾临过三五百种不同的帖，但是没有什么显著的进步。后来有一天，他在朋友处偶然看见桌上一本很普通的魏碑，他静静地看了半天，后来便大有进步了。可见这一半也由於触发，一半也由於天才。天才不近的人无论如何临摹都是不行的。但是单看而不临摹，正像读理科的人只讲原理而不实习一样，也是劳而无功的。”

亦平得意地呷了一口茶，又说下去：“现代习字和从前人习字的目的当然是不同的。前人为了猎取功名而盲目地拼命练习，而现代人练习的目的是为了迅速和风趣，并不打算因字吃饭的。同时，从前有许多以字出名的人，完全'书以人传'，只要官做得大，地位高，哪怕他的字如何不行，也还是有人来求他写字的。这当然不是写字的目的了。写字完全在乎风趣。字的赏鉴，也应该以风趣来区别。

"还有一点，现在的钢笔铅笔，因为书写便利，大多用它，而将毛笔搁置了，所以毛笔字有许多简直写不快，正和老学究不会执钢笔一样。这一点，也是现代青年应注意的地方。铁儿多日不写字，往往将毛笔也和钢笔一样地使用，这样，写出来的便不成字了。所以执笔一项也应加以注意的。

"所谓临摹，也并非是亦步亦趋地仿拟，章实斋说：

夫书法之妙，艺林争重，后人追溯，惟谨临摹。临则离形而得似，摹乃抚迹以追神，要皆心具炉锤，思通曲折，然后生同春煦，妙折秋毫。

又说：

夫书之难以端尽也，仁者见仁，智者见智。诗

之音节，文之法度，君子以为可不学而能，如啼笑
之有收纵，歌哭之所抑扬，必欲以揭示人，人反拘
而不得歌哭啼笑之至情矣。然使一己之见，不事穿
凿过求，而偶然浏览，有会於心，笔而志之，以自
省识，未尝不可资修辞之助也。乃因一己所见，而
谓天下之人皆当范我之心手焉，后人或我从矣。起
古人而问之，乃曰："余之所命，不在是矣。"无
乃冤欤？

以前的人临摹之后，便失了自己的个性，而现在习字却
不可以如此的。如果学字不是为了艺术而另有所图，
便没有什么好结果。所以有许多不出名的画家书家，
他们的作品却比出名的画家书家还要好得多。日本一个
画家曾说：'自由地显出自己来的事，在艺术家，是比
什么都要紧。假使将这事忘却了，或者为了金钱或者顾
虑着世间的批评而作画的时候，则这画家就和涂壁的工
匠相同。'所以我说写字，南帖也好，北碑也好，钟鼎
也好，甲骨也好，不去学习，是没有好处的。"他说完
了，直注视着韦玉的脸，在候她的答复。

"写字和天资，的确是有关系的。你主张学习，而我却主张性灵，不如随他自己去涂。有天分的人，只要看看，也能领悟的，省得整天地学习。同时我们也不是书法家，对於他的帮助也很少，是不是？"韦玉有些软化了，但是她不肯打消她的成见。

"但是字的风趣我们是懂得的。写字的速率，我们可以设法知道的。一个人为了生活而没有余裕，一定要抽出时间来学字，那才是无谓的勾当。孩子们反正没事做，叫他练练也不妨。"亦平再三申述自己的主张。

门外有一阵皮鞋声，接着门上啄剥了两下。铁儿走过去开了门，一个年轻的女子出现在门口了。

"仲英！"他们两个立起来招呼。

是一个很懂得世故的女子，平凡的脸上嵌着两只尖利的眼。她脱了大衣，很熟悉地拉着铁儿的手，在方桌旁边坐了下来。

"这样好的天气，不出去玩？"她摸摸自己烫皱的头发，又在招呼韦玉别倒茶，"我不久就要走的。"

亦平因为韦玉不赞成叫铁儿写字，心里有些不乐意的样子。"你的贵同学刚才在发议论哩！"他又看看韦玉。

韦玉轻松地笑了一下："仲英，你是画家，小楷又写得好，我们刚才在讨论现代孩子要不要习字的问题，你来评判一下吧！"

亦平笑着摇摇头："不妥当，不妥当，你们是同行，又是同学，这公证人有些靠不住。"

"什么？"仲英用她流利的京语，"你说我用不着，我偏要来做公证人。韦玉你告诉我，你主张要习字？"

亦平马上抢上去："这不能告诉你，你只要就你自己的经验，就'应不应习字'的题目上来下一个判断。假使给你知道谁主张习字，谁主张不习字，你又要帮韦玉的忙了。"他甚至拉住韦玉的肩膀："别先说，听候发落！"

屋子里空气突然紧张起来，铁儿也跳了起来，按住了妈妈的身子。

"好！我说我自己的主张吧。我是学艺术的，我只知道就艺术的立场来说话，旁的我什么都不知道。如果你们认为我的话不对，那还是另请高明吧！"仲英笑着说。

"别客气了，仲英，说下去。"

"现代习字是应该的。因为'字'含有相当的艺术性。但是应该着重於字本身的趣味，多临帖可以多一些参考。同时，我以为现代习字不应该像古代一样的求庄重求逼肖，应该着重於轻快和流利。这是我的意见。"

"这见解是对的。"亦平高兴地摇摇自己的身子。

"恭喜，你胜利了。"韦玉笑着对亦平，又对着仲英说，"他是主张习字的。"

"亦平，可见我是一个只知道正义而不徇私的人了。"仲英她惯於说漂亮的话，"那么我将我的来意带便告诉你们，我想请你们三位去吃中饭去，一方面也可以替你们'当庭和解'了。哈哈！"

韦玉匆匆地替孩子换了一件衣服，又匆匆地处理一下屋子，和仲英、亦平走出屋子来，轻轻地对亦平说：

"今天你是胜利了，我也放弃了我的成见。但是太阳已正在我们的头顶，铁儿今天也不能写字了。"

亦平似喜似嗔地撞了她一下。

第二十六章　文章构造

晚上，陈宅里充满着和溢的空气，静斋撚着短髭在沙发上抽烟，脸上堆着微笑。在这离乱之世，他们能一家团聚，在老年人的心目中，是很可安慰的一件事。他追悔过去的固执。长子在他怀抱里突然出走了，但是到现在依旧投入他怀抱里来，这在他是多么可安慰的事。同时，立在他面前的祖年已经是一个饱经忧患的人，这，也可以使他安慰的。

祖年和祖平坐在靠床上谈天，妈妈抱着祖升在下首椅上唱催眠歌。女佣正在收拾后面的屋子。偶然传出丁东的碗与碗相撞的声音来。

"祖年今天睡在爸爸的书房里好不好？叫平儿来伴你。"妈妈摇着身子说。

"也好。反正两夜就要走的。"他看看妈妈头上苍白的头发，有些感到童年的憧憬。

"哥哥，今夜我伴你，我还要向你问书呢！"祖平嬲着祖年说。

"平儿，你有什么问题，在现在问哥哥吧，年儿在船上辛苦了，不要纠缠他。"静斋含着笑说，这笑容在祖平是难得见到的。

大家静默起来，祖平有些感到不快。

静斋下了一个命令："平儿你昨天读的一篇国文，是什么？"

祖平吃了一惊，连忙接上去："是韩昌黎的《送董邵南序》。"

"全懂吗？"

"懂得的。"他昂然说，"并且李先生还告诉我们'序'字的意义咧。"

静斋闭着眼点点头。祖年高兴起来，拍拍祖平的肩说："你来说说看。"

"好。"祖平鼓起勇气来说："序，本来是书上的序，是'叙述'的意思。如司马迁的《太史公自序》，王充的《自纪》篇，都是'序'的意思。这篇文章叫作

'赠序'，在唐朝以前，没有'赠序'这名称的。但是后来却专做一篇文章叫'赠序'了。对不对？"他抬头看看他哥哥和爸爸。

"但是为什么唐朝以后会变赠序呢？"静斋更进一步问。

"哦哦……李先生是说的，什么诗序的关系，我因为快要下课呢，没留心。"祖平脸红了。

"我告诉你。"静斋慢慢地，"唐朝人常常作诗送别，於是在诗篇的前面常常写一段短文申述作诗的意思，这便是诗序了。到后来，诗渐渐地不见了，只剩下了前面一篇序，便成为'赠序'，所以'赠序'是'书序'的变体，在唐以后很流行的。懂不懂？听先生讲的时候要留心，别随便忽略过去。今天反正闲着没有事做，你来背背看。"

祖平向他哥哥做了一个鬼脸，大胆地背了出来：

> 燕赵古称多感慨悲歌之士。董生举进士，连不得志於有司，怀抱利器，郁郁适兹土，吾知其必有合也，董生勉乎哉。夫以子之不遇时，苟慕义强仁

者，皆爱惜焉，矧燕赵之士，出乎其性者哉。然吾
尝闻风俗与化移易，吾乌知其今不异於古所云邪？
聊以吾子之行卜之也，董生勉乎哉。吾因子有所感
矣，为我吊望诸君之墓，而观於其市，复有昔时屠
狗者乎？为我谢曰："明天子在上，可以出而仕矣。"

"背得熟，背得熟！"祖年在拍手。

受了哥哥的鼓励，他更说下去："原来韩愈是不希
望董生到燕赵去的。这篇文章的转折很多，所以第一句
便是一段。他的次序、段落是一定不可更换的。"

静斋撚着须在得意地笑。"所以新式分段也有些道
理。我试把它的前后倒置一下，你们看怎么样？"他高
声读诵起来：

董生举进士，连不得志於有司，怀抱利器，郁
郁适兹土，吾知其必有合也，董生勉乎哉！
燕赵古称多感慨悲歌之士。然吾闻风俗与化移
易，吾乌知其今不异於古所云邪。聊以吾子之行卜
之也。董生勉乎哉！

　　夫以子之不遇时，苟慕义强仁者，皆爱惜焉，
矧燕赵之士，皆出乎其性者哉！

　　吾因子有所感矣，为我吊望诸君之墓，而观於
其市，复有昔时屠狗者乎？为我谢曰："明天子在
上，可以出而仕矣。

　　"你们觉得比原文怎样？"

　　"末一段放在原处没有问题，只有'燕赵古称悲歌
感慨之士'一句放在第二段，那么第一段中的'适兹
土'和'必有合'没有着落，'苟慕义强仁'一段原是
紧接上文的，和'然吾闻风俗与化移易'一段对调，语
意不顺，也接不牢了。在我看来，原文的排列更好。"
祖年代祖平回答。

　　静斋狂笑起来："所以段落很要紧。一段里面也要
句子互相联属，句意一贯，否则便使人不懂。普通《墨
子》的文章很凌乱的，记得《尚贤》下本文有一段是：

　　　　是故昔者尧有舜，舜有禹，禹有皋陶，汤有小
　　臣，武王有闳夭，泰颠，南宫括，散宜生，得此莫

不劝誉。且今天下之王公大人士君子，中实欲为仁义，求为上士，上欲中圣王之道，下欲中国家百姓之利，而天下和，庶民阜。是以近者安之，远者归之，日月之所照，舟车之所及，雨露之所渐，粒食之所养，故尚贤之为说，而不可不察者此也。

其中的观点不一致，容易使人不明白，而孙诒让的《墨子闲诂》据王念孙校正本改作：

是故昔者尧有舜，舜有禹，禹有皋陶，汤有小臣，武王有闳夭，泰颠，南宫括，散宜生而天下和，庶民阜，是以近者安之，远者归之，日月之所照，舟车之所及，雨露之所渐，粒食之所养，得此莫不劝誉。且今之王公大人士君子中实将欲为仁义，求为上士，上欲中圣及王之道，下欲中国家百姓之利，故尚贤之说，而不可不察者此也。

便明白得多了。所以篇章应该次序顺列，而整篇的段落也应该如此。我们从前作文，考究‘起’‘承’‘转’‘合’

之说，其实很有道理。《文心雕龙》上说：

> 凡思绪初发，辞采苦杂。心非权衡，势必轻重。是以草创鸿笔，先标三准。履端於始，则设情以位体；举正於中，则酌事以取类；归余於终，则撮辞以举要。然后舒笔布实，献替节文，绳墨以外，美材既斫，故能首尾圆合，条贯有序。

元朝陈绎曾的《文说》里也说：

> 一，本事；二，原情；三，据理；四，按例；五，断决。

曾国藩也说：

> 一篇之内，端绪不宜繁多。譬之万山旁薄，必有主峰；龙衮九章，但挈一领。否则首尾冲决，陈意芜杂，兹足戒也。

这是说全篇结构的重要。从前王介甫批评《春秋经》说是'断烂朝报'，便是说它没有结构的意思。又有人批评邹阳《狱中上梁孝王书》，说它'白地光明锦，裁为负贩裤'。也是说它题材虽好，而结构不妥当。记得在《湛渊静语》上有一个故事：莫子山一天到山上去游玩，走到一个和尚寺里，风景很好，他想到唐人的绝句诗：

> 终日昏昏醉梦间，忽闻春尽强登山。
> 因过竹院逢僧话，又得浮生半日闲。

但是这寺里的和尚却是俗不可耐的，他一见莫子山，一定留他吃茶、吃饭。莫子山扫兴极了，他在墙上题了一首诗，就将唐人绝句的次序变动一下，变成：

> 又得浮生半日闲，忽闻春尽强登山。
> 因过竹院逢僧话，终日昏昏醉梦间。

只将次序一变，意思就完全不同了。所以篇章的次序是很紧要的。"

陈祖年欣慰地看看他的弟弟："不但中国古代文字讲结构，西洋的文章，讲修辞学的人也区分为六项：第一，就是'发端'（Exordium）；第二，'分类'（Division）；第三，'陈述'（Statement）；第四，'推论'（Reasoning）；第五，'感情'（Appeal to feeling）；第六，'结论'（Peroration）。也和中国之说是相同的。"

"但是中国文章里，章与章之间应该有一种联络。联络有明有暗。像上例韩愈《送董邵南序》里第二段的'吾知其必有合也'一句，便是暗暗的联络，承上文而言的。明的联络的例子很多，像《战国策》庄辛说楚襄王一篇，第一段用'见兔而顾犬'等两句来开端，下面第二段的开端'王独不见夫蜻蜓乎？'开头，下面每一段的起端是'夫蜻蜓其小者也，黄雀因是已''夫黄雀其小者也，黄鹄因是已''夫黄鹄其小者也，蔡灵侯之事因是已''蔡灵侯之事其小者也，君王之事因是已'，渐渐由小及大，由旁文讲到正题。读者一看便可以知关联的次序的。又如柳宗元的《游黄溪记》，将章与章的关联写在上一章的末句，开首说：

> 北之晋，西适赵，东极吴，南至楚越之交，其
> 间名山水而州者以百数，永最善。

下面便说永的名胜了：

> 环永之治百里，北至於浯溪，西至於湘之源，
> 南至於泷泉，东至於黄溪东北，其间名山水而村者
> 以百数，黄溪最善。

以下便讲黄溪了：

> 黄溪距州治七十里，由东北南行六百步至黄神
> 祠……始黄神为人时，居其地。

以下又说黄神了：

> 传者曰："黄神，王姓，莽之世也。莽既死，
> 神更号黄氏，逃来择其清峭者潜焉。"

这方法似乎比《战国策》这一段有趣，也不呆板。从前人说'作文如剥蕉心'，也是层次排递得有趣的意思。"静斋像在和旧友谈作文，说得有趣。

"我看过弟弟的作文，已经很通顺了，但是常常发现一种毛病，就是句语不和谐——在散句里不知道变化语调，没有错综的功夫，所以常常有板滞的毛病。"祖年对他爸爸说。又回顾看看他身边听得起劲的弟弟："例如'是……的'连用四五句，读起来便不顺口了。你的那几句：

　　　青年是社会的中坚，不知道努力是堕落的表现。如果全国青年都是这样的腐败，那是多么可伤心的事呢！

这几句在文法上，毫无错误。但因为句调的不和谐，便觉得乏味了。所以里面应该将几句改变一种语法才好。——作文在这种地方应该留心的。"

"但是，我记得欧阳修的《醉翁亭记》里却全是'也'，我读过巴金的《朋友》里有：

　　朋友将多量的眼泪，多量的同情，多量的爱，都赐给了我。

这是不是太嫌重沓了吗？"祖平怀疑地问他哥哥。

　　"这是骈句，骈句是允许同调的，在骈句里，反正愈同调愈觉得有力量。但是在散文里却不可这样。欧阳修的《醉翁亭记》是一种故意的调子，但也不是句句有'也'字的。所以散句之中仍旧以免去重沓为上策。从事的文章里也是如此的。韩愈的《画记》是一篇很难做的文章，因为这题材是和记账一样的，容易重沓。他前面说：

　　　　杂古今人物小画共一卷：骑而立者五人，骑而被甲载兵立者十人，一人执大旗前立，骑而被甲载兵行且下牵者十人，骑且负者二人。

其中'一人执大旗前立'，便是改换语调的方法了。"

　　静斋笑着说："孟子作文，常常用这法子，像《梁惠王》篇里的：

　　孟子见梁惠王，王立於沼上，顾鸿雁麋鹿曰：
"贤者亦乐此乎？"孟子对曰："贤者而后乐此，
不贤者，虽有此不乐也。"

**其实后面说'不乐此'也可以，这就是错综了。又如
《战国策·齐策上》的一节：**

　　邹忌脩八尺有余，身体丽，朝服衣冠窥镜，谓
其妻曰："吾孰与城北徐公美？"其妻曰："君美
甚，徐公何能及君也！"城北徐公，齐国之美丽
者也。忌不自信，而复问其妾："我孰与徐公
美？"妾曰："徐公何能及也！"且曰，客从外
来，与坐谈，问之客曰："吾与徐公孰美？"客
曰："徐公不若君之美也。"

你看上面三句问话，就是三种不同的语法，三句答话也
是如此，变化句式，读者看了也不觉其重沓了，但是它
的意思是一样的。又如王守仁的《瘗旅文》中的那一句
'朝友麋鹿暮猿与栖'是仿韩愈《罗池神碑》中的'春

与猿吟兮，秋鹤与飞'的。但这一句也有人写作'春与猿吟兮，秋与鹤飞'，其实是'秋鹤与飞'来得有趣。沈括的《梦溪笔谈》里便说它是'相错成，文则语气矫键'。陈善的《扪虱新话》上也论到这问题。……"他说着，匆匆地立起来走了。

祖平惊讶的目光射在祖年脸上："我方才明白文章错综的道理。但是，哥哥，做文章要每句如此用心考虑吗？"

"那自然，文章谨严的一派是不允许轻易下笔的。近代老舍的文字，他虽然语语求其对於言语的接近，但也是不肯'掉以轻心'随便乱写。你看朱自清的文字，也是这一路，每个字，每一句句子的安排，多么妥帖，这是用心考虑所得来的成绩。"祖年说。

"文章既然重在思想，想为什么又要修饰表面呢？"祖平在哥哥面前，毫不客气地反问。

"思想，是文章的灵魂，当然第一重要；文字是透露思想的工具，是可以促进读者了解你的思想的，不修饰，便不能透露了。你以为'修饰'单是文采的意思吗？所谓修辞，是指字的'达'不'达'而言的。"

祖平默默地点点头。他抬起头来，看看对面空着的椅子，知道小弟弟已经去睡了。这时候，他爸爸又走了过来，手里拿着一本书。他翻出了一段，将书摊在桌上。祖年和祖平走过去，祖年念着：

《楚辞》以"吉日"对"良辰"，以"薰殽蒸"对"奠桂酒"。沈存中云：此是古人欲错综其语，以为矫健故耳。余谓此法本自《春秋》，《春秋》书："陨石於宋五，是月六鹢退飞过宋都。"说者皆以石，鹢五六、先后为义，殊不知圣人文字之法正当如此。且如既曰陨石於宋五，又曰退飞鹢於宋六，岂成文理？故不得不错综其语因以为健也。《楚辞》正用此法，其后韩退之作《罗池碑》曰"春与猿吟兮，秋鹤与飞"，以"与"字上下言之，盖亦欲语反而辞健耳。今《罗池碑》石刻古本如此，而欧阳公以所得李生《昌黎集》较之只作"秋与鹤飞"，遂疑石本为误，惟沈存中为始得古人之意，然不知其法自《春秋》出。

第二十七章　题材的觅取

祖年弟兄在李寓吃了中饭，章明也来了。铁儿因为天气好，嚷着要到公园里去。

屋子里充满了日光，窗子外面的柳枝也有些绿意。春的温暖使每个人都怀着喜悦。

锁上了门，韦玉带着铁儿，和他们四个走到马路上。这天，是一个纪念日，学校里放了假，路上的人也更多了。铁儿带嚷带跳地离开了他母亲，携住章明的手，要他走了这一群人的最前端。韦玉和亦平忙着和祖年闲话，只有祖平一个人俯着头，看看四周的景物，像有感触的样子。

公园里面刮着大风，前面直铺着绿草，几丛不知名的大树，像华盖一样，在这广大的地面上一堆一堆地直立着。这里，是蜿蜒曲折的山坡，从远处伸长过来，当中有一条狭小的石头铺成的小路。

他们走着，经过曲折的小路，经过乱石砌成的花坛，在一条小河的旁边立住了。

虽然是人工造成的小河流，但是潺潺的流水和涟漪微起的波面里撑着一只小小的帆船，便觉到有些具体化了。铁儿看这帆船直驶过来，便情不自禁地莫名其妙地狂呼起来。

河流的边上有一个茅亭，四周攀满了紫藤，放出新黄嫩绿的叶子来。茅亭的右面是一个音乐亭，有许多人在亭边的草地上野餐，但是亭子里却冷落得没有一个人。

祖平抖抖他的新的夹大衣，拉住章明的手："你看，春天的公园多么有诗意呀！"

他们两个带了铁儿又走出亭子来。

"我觉得春天有些庸俗，还不如秋天来得有趣呢。"章明答，又低头看看牵着的孩子，"铁儿，你累吗？"

铁儿鼓着小嘴摇摇头。

"这里真有乡村的意味，'绿树村边合，青山郭外斜'这两句诗的意境真不错呢。"祖平正像一个诗人了，他摇动自己的身躯，像有些飘飘然的，"假使将这环境写一篇文章，多么有趣呢！"

"我们现在仔细观察，回家去合写一篇好不好？"
章明被鼓起了兴趣。

他们一边走一边在谈天，铁儿睁着小眼在自己领受
那无边的野景。前面横着一座小山，四周种了些细竹，
也夹植着几棵桃树，在浓绿中隐隐透出一些淡红，反映
在山脚的池塘里。祖平弯了身子在石级上挨上去，显出
努力的样子；章明搀了铁儿跟在后面，铁儿怕泥土污着
他的新鞋，走路时，仔细地在辨别石子的干湿。

到了山顶，他们被细竹包围住了。这里只有阴沉和
寂寞，阳光被茂盛的竹叶遮没了，风也被遮住了。祖平
立在山顶的一块大石上，遥望山下的风物，"河流如
带"，偌大的公园也变成了一片小小的荒地。

铁儿嚷着没地方坐，章明抱他到大石上去，自己也
走上去了。

"登高望远，我常常会感到一种不快意的心情。"
章明慢慢地说。

"也许在想家。"

这句话使章明引起了另一种不安来，但他仍镇静地

回答："不，是另一种说不出的心情。"

"我真佩服许多古今名家的写作力，他们会将你感觉到而不能写出来的感情一丝不遗地写在纸上，会将你感觉到而不能写出来的风景一丝不遗地描摹出来，仿佛使你自己到了这场合里一样，我常常感到这是神秘的事情。"祖平喃喃地像和自己在说话。

"同时，他们会说得这样深刻，无论喜悦和悲哀，他们写了，便可以引起读者的共鸣。其实，我们现在不是很好的题材吗？在我们手里怕又是写不出好文章的。这问题，正值得我们研究呢！"他一面说，顺手在口袋里摸出一包糖来递给铁儿，他怕这孩子会打断他们的话头。

铁儿迟疑了一下，将糖接了过来。

"其实那种《作文描写辞典》也没有什么多大用处。从前这是我们抄作文的一个好地方，但是近来我也觉得没有多大意思了。它里面所写的都有一个地方性的特点，取来自己用也嫌它太隔一层。你以为怎么样？"祖平问。

"我始终没看过这种书。"章明昂然地答。

"有时，我每逢做游记，左也不好，右也不好，我深恨自己当时太不留心了。但是有几个公园，我常常去玩，也到处留心，仍旧写不出来，即使写出来了，当时看看倒还可以过去，后来越看越坏，像雾里看花，总道不着真处，这才叫人气闷哩。"祖平说得出神，身子向左边倾斜过去，从大石上跌了下来。当右脚尚未到地的时候，他左手早攀住一根细竹。因为身体重了，细竹被弯成了舠形。他的脚一松，又将他直掀了上来，他便借势坐在石上。

"怎么？"章明吃惊地问，一只手扶着铁儿，不能来帮他，"你痛吗？"

祖平笑着摇摇头。铁儿以为他在显本领，格格地笑了起来，章明也禁不住笑了。

山脚上出现了一个穿着黑色衣服的女子。铁儿忽地站了起来，发出一阵尖锐的呼声："妈妈！"

"你们跑得正远哩。铁儿，你又缠着章先生了。"

"李师母，亏你找的，我们躲在这个竹林里。"章明笑着从石上跳了下来。

"刚才听到了铁儿和你们的笑声，我才上山来的。

这儿真好,又没有风,多清静!"她向四周打量了一下子。

祖平一个人在沉思,他突然问:"李师母,我去年看到了你的作品《茉莉花再开的时候》,写得真有意思。你告诉我们写作的方法好不好?"

韦玉笑了起来"怎么?你怎么会看到那篇文章的?"

"是李先生给我们看的。"章明答,"所以我们听说你到上海来,大家都高兴,我们又可以多一个导师了。"

"导师我是不敢当的。同时,我是学音乐的,对於文艺知道的很少。"说着抱过铁儿来,"咱们去吃一点水果去。"

他们到了茅亭,亦平和祖年谈得正起劲,地上丢了许多烟头,这是他们的成绩了。亭子中间放了许多香蕉和橘子,铁儿一走过去,抓了顶大的一个。

"来,吃水果。"亦平向他们招手。

"怎么?你的脚上有血?"祖平看看弟弟没有穿袜子的腿。

祖平红着脸,用手帕将血揩了:"没有什么,刚才摔了一跤……"他的话没说完,铁儿抢着报告刚才的经过,不清楚的语调使大家狂笑起来。

"没留心，我正和章明在讨论一个问题……"他剥开香蕉，"为什么文章做不好。"

"你真是一个小书呆子，在玩的时候，也不忘记作文。"祖年笑着说，他又怕弟弟会误会他的意思，又接下去说："亦平，这终究是一个好现象，肯努力终是好的，这也得谢谢你老师啦！"

"哪里的话，现在的教师和学生是谈不上感情的，教师是'逢场作戏'，学生是'应名点卯'，教师对於学生的好处始终是有限的。"亦平笑着说。

"我想请李师母教我们，她又不肯。"祖平还是那般孩子气的。

"真的，我对於文学一点也不知道。"韦玉连忙分辩。

祖年正经地向祖平："你们刚才讨论什么？"

"我终觉到我的文章里写述不真切，不知如何才可以避免这毛病。"祖平嗫嚅地。

"能注意到这问题，可见你的文章有进步了。"亦平说，"这是文章最高的境界，从前有许多名作家也犯了这毛病。王静安的《人间词话》里所说的'隔'与'不隔'，便是针对这种情形而说的。

　　大家之作，其言情也，必沁人心脾，其写景也，必豁人耳目；其辞脱口而去，无矫揉拘束之态；以其所见者真，所知者深也。

他是以论词为主的，他说姜夔的'二十四桥仍在，波心荡，冷月无声''数峰青苦，商略黄昏雨，高树晚蝉，说西风消息'虽然格韵很高，但终似雾里看花，终隔一层。所谓'隔'，是语语都在目前的意思。他以为'天似穹庐，笼盖四野，天苍苍，野茫茫，风吹草低见牛羊'才算不隔。单是词面漂亮而意境不合，这叫作'隔'，否则才可以称'不隔'。

　　"你们作文应得领会这意思才行。多引用成语，容易变成'隔'的。说人多用'人山人海'来形容，容易变成'隔'，不如说万头攒动来得有趣。凡是多用模棱两可的话来形容，是不会有好文章的。

　　"试将古今名作去揣摩一下：他的写述是'隔'还是'不隔'？'不隔'的地方到底在哪里？我们如何去学他们？才渐渐能做到'不隔'的地步。

　　"此外，便应该要'取舍得当'。一件事，一区风景，要到处写到，要不分巨细都写出来，是不可能的，那便要删去一部分不写了；哪一部分应该保留，哪一部分可以删去，这也是一件值得研究的事。"

李先生说完了话，拿过一只橘给祖年，自己也取了一只。

"那么，我们常常有好题材，好意思，等到作文时有时忘掉了，时过境迁，即使记着了，也写不亲切的。"祖平问。

"所以古代作家们常有随意记录的方法。唐代的青年诗人李贺，据《唐书》本传上所说，他每日出行，背后跟着一个小使，背着锦囊。每次逢到有佳句的时候，写了丢在这锦囊里。左拉和柴霍夫也常常将平日所感所记的写在小簿子上。这并不是说平常的记述一定可以供作文时的抄录之用，因为作文不一定到这里正用得着你从前记录下来的文字。这不过是用作一参考的资料而已。

"在万户千门的世界里，我们的题材是多么复杂啊！时间和空间交织着，随时在变动你的环境，因此世界日日在变更的，等到你需要材料的时候，想去观察和研究，那是'平日不烧香，急来抱佛脚'，毫无益处。

同时，世界上的变化既如此之多，题材又非简单，势必在平日在各方面多多观察研究不可。同是一个春天，同是在上海，去年和今年不同；再缩小范围来说，昨天的公园和今天的公园也不同：一是所来的人不同，二是天气不同。要能在这地方细细辨别才是好文章。

　　"常常有人感到题材的窘乏。我每一次出题目，常常有同学说做不出。这并不是题目太难，完全由於脑子里平日没有什么贮藏的缘故。例如一个人平日不积些钱，突然想要一笔巨款，便毫无办法了。

　　"仔细一看，世界之大，从国家、社会大事至於苍蝇的尾巴，无往不是好题材。中国古代是着重'庙堂文学'的，所取的题材只限於贵族。现在却不必顾忌这问题了，兴之所至，无往不可读，不可写。不过要有个人的见解，个人的性灵，否则也是'人云亦云''拾人牙慧'的作品。

　　"同样的题材，由许多人写来，可以变成各种不同的写法，古人所谓'仁者见仁，智者见智'了。毛奇龄和夏之蓉都做过一篇《沈云英传》，毛奇龄的文章比夏之蓉的多，而且详细，因为毛奇龄和沈云英时代不远，而且又是同乡，所以知道的轶事又多些，而夏之蓉却只大概地叙述些正事而已。

"又如《秋夜》这题目，古今中外都很普通，但是各人有各人的见解。鲁迅的《秋夜》便是不平凡的一篇，里面是他个人的感想，别人也许有些会同，但是写法总一定不同的。知道了这一点，便能写出正确的文字来。

"总之，做文章最要紧的便是抓住中心，不要说出题目以外去；写述一件东西，也要抓住它的特点。不是随随便便写出来就算是文章。

"例如今天写一篇寒日公园的游记，我们五个，一定不会做同样的文章。你们年轻，所有的感触也不会和我们一样，所见的景物虽相同，但是写法也一定各别的。"

祖平默默地点头，又疑惑地问："作文先写大纲好不好？不过这是小学里的办法。"

"写大纲并不是幼稚的事，许多作者在创作小说时，常常先写大纲的。托尔斯泰和巴尔扎克也常常先写大纲。左拉写他的《太太们的幸福》便先写纲领。《海上述林》中《关於左拉》一篇里，说左拉的纲领里说：

　　我要在《太太们的幸福》里写一篇吟咏现代事业的诗歌。因此，哲学上完全改变：首先，一点儿悲观主义也不要，不要做出生活无意义和悲哀的结论——相反的，要做出生活的经常的劳动力量，生活产生的强烈和快乐的结论。总之，要同着时代一起表现这个时代，这是行动、胜利、各方面努力的时代。……一方面，商业上和金融上的动机，怪物（指大百货公司）的出现。这是两个大商店的斗争，而其中一个最大的商店胜利了，压服了整个的区域，而别方面——热烈，爱情，女人所参加的阴谋，一个穷苦的小女工，我所叙述的是她的历史，她逐渐地战胜"沃克陶"。这里差不多就是全部的小说。

这便是大纲了，作者先得把最简单的几层层项下一个缜密的计划。可以照这计划去安排，去写述，便没有零碎的毛病了。所以写大纲是研究文学的人的先务之急，并不是幼稚的事，你们作文最好也如此。"

　　太阳已经爬在音乐亭的顶上，铁儿嚷着要回去了。

　　走出了公园，在公共汽车里，亦平又仔细复述了他的话：

　　"所取的材料应有强烈的印象和真切的认识，不可只是浮面的、模糊的生活表面。同时，你居心去找材料，像到店里去买东西一样，那你便会失望的。应不慌不忙地处处留心才对。如果今天出去一定要找些什么回来，那所收集的材料也一定不合用的。譬如拍照，懂得取景的人整天带着照相机出去，逛了回来，甚至一张也没有照；而初学的人，东一张西一张乱拍一阵，等到真有佳景的时候，干片已经没有了。

　　"多修改自己的文章，也是修改题材的一个好方法。"

第二十八章　清明风雨

一连几日的阴雨，天气变得更寒峭了。

亦平穿着新置的灰色哗叽夹衫，到陈宅去吃夜饭，祖年在昨天就和他约定了。但是他有些忐忑，怕他朋友的父亲静斋先生会在他面前摆出道学的架子来，因为他知道静斋先生对於宋儒的理学是很有研究的。但是为了祖年和祖平热诚的邀请，他终於赴约了。

当亦平跨进陈宅的会客室的时候，墙上的圆形的钟上，正打着十一下。他看到清癯而苍然白发的老者在迎接他，便很恭敬地坐在下首沙发上，点上了一根烟。祖平从里面出来，端了一杯茶，谨慎地送到亦平的面前。他知道这是老者的命令。这时代化的布置里，坐着一位苍髯白发的道学先生，照亦平看来，似乎有些不大调和似的。

经过几次谈论以后，他才觉得对方并不是普通一般固执的前辈，然而他的言谈举动里，他是一个主观很强的人，什么意见他都不大肯容纳的。他赞成亦平叫学生们背书，但是他不满意亦平叫学生们背语体文，同时又嫌所背的文言文太少了一些。他不满意学校制度，发了许多议论，其实他的批评是针对着上海的那批营利的学校而发的，他以为全中国的学校都和上海的学校是一丘之貉。

亦平解释了几句，又无聊地看看壁上的字画。

祖年从外面进来，身上是微细的雨点。祖平迎上去，替他哥哥关了门，门后面露出一枝新绿的嫩柳枝来。

"哦，今天是清明了！"亦平用感叹的口吻，"忽见家家插杨柳，始知今日是清明。"

静斋摸摸胡子微笑了。他得意地立了起来，"李先生，有一个文虎，是'清明时节雨纷纷'，打商店里的招牌，你猜猜看。"

亦平一壁在想，一壁谦逊地："怕打不着呢！"

祖平想了一会，张着嘴问他的爸爸："爸爸，是哪一种店家的招牌呢？大约是'各种花露'？"

"瞎说！这又另外一个文虎，谜面是'春色满园关不住'。因为关不住了，所以有'露'字。你想也不想，便瞎说八道的。告诉你，这是糕饼店里的招牌。"

祖平被他爸爸一说，努着嘴坐在那里默想。祖年不去理会这个，看看他爸爸的脸色，又望望亦平。

"妙极！是不是'满汉细点'？"亦平大笑起来。

静斋也笑了起来，回头看看祖平惊讶的神气。"你懂不懂？'清'字可以解释'清代'的清，不是满人吗？'明'字可以解释'明代'之明，不是汉人吗？所以'清明时节'恰巧射着'满汉'两字，'雨纷纷'不是小雨吗？小雨的点子是很细的，所以射'细点'两字。这'点'字，乃是'雨点'之点，而不是'点心'之点了。"他抽了一口烟，喜悦地看看两个儿子。

但是祖平有些不服气："上海没有这种招牌的。"

"这是在十多年前内地糕饼店里常见到的，现在却没有了。"亦平回答他。

"那我一辈子也猜不着了。"

祖年同情他的弟弟："我这么大的年纪，照理也应该知道的，可是我却没有注意到。"

　　得了他哥哥的帮助，祖平更多了议论："'清明'这两个字又可以当作'政治清明'解释哩！"

　　"其实，这两种解释是都从它的本义上引申出来的。'清'是'清爽'，'明'是'明朗'；清明节，是说这是'天气清明'的时节。所以虽然一个是名词，一个是形容词，而实际上的解释却是同的。"亦平在解释给祖平听。

　　"我还记得以前看到一部什么书，它里面有一篇名就叫《清明》呢！"祖年一面在想。

　　"大约是《春秋繁露》吧？"亦平不敢肯定地说。

　　"不错。《广雅》里叫'金神'也称作'清明'的。但是叫清明节为'清明'，也并非没有来源的。《淮南子》里已经说：'春分后五日六日，斗指乙，为清明。'这是古已有云了。"静斋滔滔地在替"清明"正名。

　　"听说'清明'古代的制度是禁火的？"祖平又问了。

　　"这是'寒食'的掌故。冬至后一百五日，即清明前一天叫作'寒食'。民间的习俗，禁火三日，所以叫

'寒食'了。"亦平解释着。

"但是我们昨天却依旧烧饭吃的。"

"这是古代的风俗。"祖年插嘴了，"据说晋文公出亡回来，有一个从者叫作介子推，文公遍赏诸多人，却把介子推失落了，於是他隐到山间去。文公求他，他不肯出来，於是文公在他山的周围放了火，希望他出来，结果他终於在火里抱树烧死了。因此晋文公纪念他，将他所抱的那一株树拿来做木屐，每次念到他，便蹬蹬脚叫'足下，足下'。同时又在介子推死的那一天，禁火三日，以作纪念，到后来都成了风俗，朋友之间互称'足下'表示亲热，寒食也因此得名了。"

"我觉得这传说有些靠不住。大约这是古代拜火俗遗下来的影响，以为火一年到头都用着它，非为它休息几天不可。北方的风俗，也有在阴历正月初一那天不举火的。同时，晋文公用火烧的方法叫介子推出来做官，也是一个笨法子。介子推宁愿同他母亲一同烧死，也绝无此情理的。而且《左传》上只记载着说：

偕隐而死，晋侯求之不获，以绵上为之田曰：

　　"以志吾过，且旌善人。"

也不曾说出烧死的话。《公羊》《榖梁》的记载更简略
了。中国风俗之中往往喜欢用箭垛式地攀出古人的逸事
来做掌故的。"

　　亦平的议论，引起了静斋的反动，他根本不相信为
万物之灵的人类会去拜这毫无知觉的火的。他想了一
想，就开始反驳亦平的话了。

　　"我觉得中国的风俗并不是完全假托的，如五月五
日屈原之自沉於汨罗，有历史可以做铁证。介子推的
事，虽然《左传》上没有记载，但也不曾说是生病死
的。据我所知，魏武帝的《焚火罚令》中说：

　　　　闻太原上党西河雁门冬至后有五日皆绝火寒
　　食，云为介子推。

《荆楚岁时记》所载的日子和他所说的正合，《异苑》
里也说：

> 介子推逃禄隐绵山，晋文公烧山以求其出，推抱木而死。文公哀之，抚木而叹，遂伐木以为屐，常曰："悲乎足下。"足下之称，疑始於此。

可见子推焚死绵山的话，也有来源的。否则，何必一定这一天禁火呢？"

祖平有些替老师担忧，因为他佩服亦平的程度远超过佩服他的爸爸。但是他不曾失望，李先生终於侃侃地谈下去了。

"陈老先生的见解固然是不错的，但是据我的见解，因介子推而禁火，也不过是一种假托，和五月五日的角黍祭屈原有些不同。因为不举火的日子不一定是寒食，而他们所以不举火的原因，也是借介子推来做说辞的。这件事，我曾经查考过，我现在还记得两条，一条是《后汉书》里的话：

> 太原旧俗，以介子推焚骸，咸言神灵不乐举火，由是每冬中辄一月寒食。

可见它不是在清明前一天了。又有一条是《琴操》上的话

> 介子推抱木而死，晋文公哀之，令人五月五日
> 不得举火。

那么，它变成同屈原同一纪念日了。足见禁火的日子不
止寒食一天，而他们都说是介子推的纪念日的。即使晋
文公用焚山的方法烧死了他，他死的日子是不是现在寒
食的一天还是问题，况且清明和重阳不一样，每年的日
子又不同，而介子推的死期却一定，为什么不举一定的
日子，而一定要在清明前一天呢？《名义考》上也有一
段话说：

> 介子推亡在仲冬，而寒食在仲春之末、清明之
> 前，非介子推亡月，而用介子推事误也。《周官》
> 司烜氏："仲春以木铎修火禁於国中。"禁火则寒
> 食，周制已然，於介子推何与？

但是他说介子推亡於仲冬，不知根据什么地方，那我也

不曾查过。如果这是真的，那么可以证实我的意见并没有错误了。至於'足下'这名称的来源，据我的猜想，中国古代席地而坐，奉书的时候，一定匍伏①送过去，正在对方的足下，所以称作'足下'，和'麾下''阁下'等的意义差不多，不知老先生以为怎么样？"

祖年向亦平点点头，表示同意他的主张。祖平偷偷地看看他父亲，他似乎露出不乐意的样子，他捻捻须，沉吟地：

"嗯，也有理由，不过'足下'的解释似乎太没有根据了，有空，我再查查书看……"

祖平的母亲出来了，祖年替亦平介绍了一下，她对亦平说了许多钦佩和叮嘱他多多指教祖平的话。

在这贵族化的屋子里，绝不会意想到窗外是一片阴沉的天色和带泪的春花的。这里圆圆的桌子上围坐着几个人，热腾腾的菜蔬排列在他们面前，仆人们川流不息地在忙着送菜和斟酒。谈笑的声音充满了这屋子，克罗米②的沙发扶手在发光，薄薄的纱帏将窗外和窗内的情

---

① "匍伏"，同"匍匐"。——编者注。

② 铬（chromium）的音译。——编者注。

景隔开了。

　　吃了几盏酒，红晕涂上了年老人的脸，他又沉思在回忆中了。然而他不是一个会沉默的人，在一个客人两个孩子的前面，又重提起他幼年的故事来：

　　"记得这也是清明日的事。这时候，我年纪还只有十八岁，先母又是个寡妇，一切财产权都操在我叔父的手里，他带了家眷到北京去了，把我们娘儿两个丢在山西。那一年正是大旱的年岁，我们的家产都在苏州，那边不过是客居。田干了，没有麦子和米吃，亲戚们顾不了自己，谁来管我们两个？

　　"在清明这一天，早晨，缸内只有两碗麦子了。母亲皱着眉在哭，我那时真是一个书呆子，在老等着叔父寄款子来，好回到南方去。但是，那时的食粮已经发生恐慌了。

　　"我想尽方法来安慰母亲，但是这又有什么用呢？我走出门去瞧瞧，田里的土已经龟裂了，农夫们下不来种子。那时候，正和现在的上海一样，有钱的拼命把粮食贮藏起来，怕自己饿死，而一般穷人却因此更苦恼了。那时，我想起南方暮春的柳色，禁不住伤心起来。

　　"因为要打算第二天的食粮问题，离开这村子五十里地有一家远亲，好去借些粮食。我是一个没有用的人，又不会负重担，但是又一下子叫不到人，即使叫到了人，也不放心，於是母亲就不得不叫我亲自去走一趟。

　　"当初我离开家的时候，母亲叮嘱我不少的话，我那时正年轻，以为什么都不怕，跑几里路算什么呢？我一路走，不认识的地方找人问。但是这一带不是山谷便是旷野，很少有村子，经过许多波折，总算在中午的时候，到了那边。

　　"亲戚总算给面子，借了二升麦子。但是我已经乏了，脚上也起泡，他们家里只有一个年已垂老的用人，不能代我负送，我只好自己鼓出勇气驮了麦子走了。

　　"走出他们的村子不多远，两条腿就疼痛起来，肩上的负担也增加了重量。这时候，外面刮着大风，天气突然阴沉下去。我勉强地走，走过了几所村庄，怕天晚赶不到家，加紧了脚步。可是不到一半路，终於走不动了，在一所小村子里休息。这时候到处都闹着旱荒，抢劫的事情很多。我怀着鬼胎，见了什么人都怕。

　　"但是这二升麦在肩上，始终要被人注意的。但是

这么大的一包，我又没处隐藏，偶尔有人问起，我总用
另外的话来岔开去。"

　　他举起杯子来，又喝了一口酒，望望张着嘴在听他
演说的人，又继续说下去：

　　"当我走出一个村子的时候，天气更加阴沉起来。
这时，天色也渐渐地晚了，何况这又是一个阴沉的天呢。
我在一个山阜上坐下来，打算歇一歇立刻就走。哪知道
对面来了两个中年的妇人，一个人已经瘦得很可怜了，
而另一个却是身材高大的农家妇女。她们也在山阜上休
息，她们所谈的天，无非也是想法如何可以弄到一些食
料。她们看看我的口袋，求我分一些给她们。我起先用
不相干的话支吾过去，后来她们一定要看看我口袋里的
东西，我当时太大意，以为一个女人，不会有什么举动
的，哪知道那一个身材高大的妇人，抓了这口袋一溜烟
直走了。我撑着腰不肯放松，一直赶过去，嘴里拼命地
大叫，终於追不上她。在山下我碰见了一个男子，我希
望他会替我追赶一下，但是他却变了脸，狠狠地打我两
个耳刮子，他说："这种年岁，抢麦子有什么罪？'

　　"我发狂似的扭住了他，他用力一摔把我摔在地

上，他的脚正在我身边，我张开嘴狠命地在他腿上咬了一口。他恨极了，四脚四手地打了我一顿。脸也肿了，膀子痛得厉害，眼看着他走远了，才一拐一拐地回到家里。母亲见了我这个样，整整地哭了一夜。第二天，第三天，我们整整挨了两天的饿。后来北京有人来，才平安地回到了苏州。但是母亲却因此成了病，医了一年多，终於故世了。

"现在这膀子在阴沉的天气中，还时常要酸痛呢。同时，到了清明节，天气老是阴沉沉的。这样，更使我忘不了那一年的这一件事。"

他说完了这个故事，看看四周精致的陈设，似乎有些感到现实的满足。他又夹起一块肉来，对着祖年、祖平说：

"你们过的日子真舒服呢。我年轻的时候，哪有你们这样福气。……"

墙上的钟打了两下，亦平和祖年从陈宅走出来，向东走去。微雨洒在他们的头发上，他们觉得另有一种说不出的快意。亦平回头向祖年说：

"明天你大概不会走吧？"

第二十九章　谈诗（一）

秋二年级读诗的风气近来更盛了，作文里面也常常发现新诗或旧诗的创作。校刊上的诗篇也以二年级的作品最出色。李亦平先生对於韵文本来很喜欢，经了学生们的鼓舞，也常选诗给学生们读。虽然他们的创作还嫌幼稚，但是他们努力的精神却令全校同学佩服的。

课外的集会，宏文中学已是多次了，但是自动的研究学术的会议，这却是第一次。参加的同学除二年级全体以外，一年级和三年级参加的也很多。在大讲堂里，用课桌摆成一个方的圈子，中间孤零零地放着一张桌子和椅子，这是给他们的所谓"顾问"坐的。语文研究会的会员并坐在东首一旁，祖平和章明面前铺着白纸，打算做记录。

这是星期三下午二时以后的事，大讲堂里突然热闹起来，几个同学忙着在抬黑板，许多孩子蜂拥在高大的黑板架子下面，像一队兵士拥着一面大旗。

桌子在西首的一排取消了，这地方被黑板占了去，圈子也因此更扩大起来。

不久，李亦平先生被拥着立在圈子的中央，他含着笑向大众点了头，随手拉过一条木凳来坐下，接着起了一阵鼓噪声和拍掌的声息。

"今天本会请李亦平先生谈些关於诗的问题，我们二年级同学全体参加了，不但如此，三年级和一年级的同学也到了不少。可见大家对於诗很需要知道一点。李先生，他很热忱地答应了我们的要求，我们先得向他道谢。"章明立起来说了。

又起了一阵鼓掌声。

李亦平在鼓掌声中立了起来。

"诗的范围很广，理论也很深邃，你们对於诗没有多大的认识，我先讲一些诗的基本常识吧。"他停了一下，"我先讲诗的分类。"

他转身在黑板上写了一个简单的表：

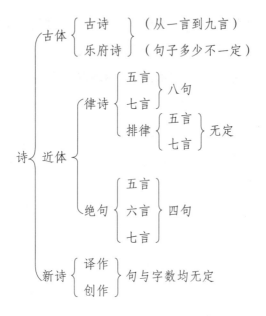

"不论新旧，诗的分类大致是如此的。我再来简单
地述说它们每一种的起源和内容。

"古诗和近体诗是两个对称的名词。因为近体诗盛
於唐代，所以称当时流行的诗体为'近体诗'，而称时
代过去较远的诗体为古体诗。但是现在语体诗的盛行，
应该称作'新诗'了。所以我们应知道'近体'是唐代
的近体，而不是现代的近体。

"古诗一言到九言的（一言是说一字，并非指一句而言的），《诗经》上都已齐备了。《诗经》是我国诗歌最早的总集，里面的'风'，全是民间的歌谣。以后梁朝昭明太子的《文选》里有一点，晋朝陶潜也常常作四言诗。

"五言和七言的起源，各人的议论很多，但我们可以知道这是起源於汉代的。

"汉代除古诗以外，还有一种盛行的诗体，叫作'乐府'。所谓'乐府'，乃是诗歌和音乐配合起来的意思。有人说最早的'乐府'便是汉沛公灭却项羽后还乡时所唱的《大风歌》。之后汉代政府里便立了'乐府'的官职，专请文人来作庙堂的颂辞。到后来也顺传於民间齐梁时的《子夜歌》，便是一个好例子。"

王绍其立了起来打断李亦平的话头："那么古诗与乐府只有一点合乐不合乐的区别吗？"

"其他吗，还有些分别。参考古人的批评，我们可以分作四点来说。"他反身在黑板上又写了：

一，乐府是合乐的，古诗不合乐。

二，乐府大都是长短句，古诗大都是五七言。

三，乐府大都是纪功和叙事的，古诗大都是抒情的。

四，乐府诗的风格是"遒劲"的，而古诗却贵乎"温雅"。

"但是到后来乐府诗失了音乐的配合便不容易和古诗分别了。现在乐府的总集是郭茂倩的《乐府诗集》。

"唐代以后，是乐府诗衰落的时代。当时有个白居易，他和元稹也作乐府诗，称作'新乐府'，这是不能合乐的。他们的特点有两种：一，他们的新乐府是普罗文学；二，他们的新乐府是社会主义的文学，试读白居易的《杜陵叟》《卖炭翁》便可以知道了。相传他作诗的时候，写好了，一定先读给老太婆听，她懂得的便留存下来，不懂的再重新改作。这可见他是通俗文学的努力者了。

"以上说的是古体诗。再说近体。

"近体的律诗、绝句完成於唐代，这两种起先也是可以歌唱的。唐代太宗、玄宗、文宗都是爱好诗的，所以诗便盛行起来。唐代的诗照《全唐诗》所记录，有四万九千首名作，二千二百多作家；同时中国诗坛上的两个名人——李白和杜甫，也是产生在这个时期的。同时，诗的格式也齐备了。

"唐诗除了李、杜两家以外，可以分作三派：第一派是闲适自然的诗，王维、孟浩然等便是，我且举王维的一首《山居秋暝》①来做例子。"黑板上又留了一些字迹：

> 独坐幽篁里，弹琴复长啸。
> 深林人不知，明月来相照。

"多么恬适，多么幽闲。所以苏东坡说他'诗中有画，画中有诗'了。第二派是悲壮奇观的作品，如高适、岑参，有人称他们为'边塞诗人'。我且抄一首岑参的古诗给你们看：

---

① 原书如此。似应为《竹里馆》。——编者注。

> 君不见走马川行雪海边，平沙莽莽黄入天。轮
> 台九月风夜吼，一川碎石大如斗。随风满地石乱
> 走。匈奴草黄马正肥，金山西见烟尘飞。汉家大将
> 西出师，将军金甲夜不脱，半夜军行戈相拨。风头
> 如刀面如割，马毛带雪汗气蒸。五花连残旋作冰，
> 幕中草檄砚冰凝。虏骑闻之应胆慑，料知短兵不敢
> 接。军师西门伫献捷。

全是描写边塞风物的险峻的。第三派是'绮靡锦丽'的
作家，如温庭筠、杜牧、李商隐等等，完全着重在字面
的漂亮和意境的离奇。例如李商隐的《无题》诗：

> 来是空言去绝踪，月斜楼上五更钟。
> 梦为远别啼难唤，书被催成墨未浓。
> 蜡照半笼金翡翠，麝熏微度绣芙蓉。
> 刘郎已恨蓬山远，更隔蓬山一万重。

使读者有一种缠绵的感觉，这，是这派诗人的特色。第
四派是用'俚俗言语'以成诗的，像罗隐、卢仝等等都

是。卢仝在扬州，住在萧庆中的屋里，后来萧庆中到歙州去了，要把屋子卖去。他作了'萧宅二三子赠答诗'二十首，假设他同屋里的石头、竹子、马兰等相赠答的诗，其中'石再请客'中有几句道：

　　我在天地间，自是一片物。
　　可得杠压我，使我头不出。

其实他们的诗和唐初和尚寒山、拾得的作风一路的。我再抄首有趣的寒山的诗：

　　若人逢鬼魅，第一莫惊惧。
　　捺硬莫睬渠，呼名自当去。
　　烧香请佛力，礼拜求僧助。
　　蚊子叮铁牛，无渠下嘴处。
　　我在村中住，众推无比方。
　　昨日到城下，仍被狗形相。
　　或嫌裤太窄，或说衫少长。
　　撑却鸡子眼，雀儿舞堂堂。

"唐诗的选本除了《全唐诗》以外，还有王安石的《唐百家诗选》、洪迈的《唐人万首绝句》等。

"宋代是词的时代，但是诗却别开一派，和唐诗风格完全不同。宋人往往很平凡的语句，写出很深刻的意境来。这是宋诗的好处。宋代以后元代、明代是诗没落的时期，到清朝才复兴起来，清朝的钱谦益、吴伟业、王渔洋、袁枚等等都是名家，他们各人有各人论诗的目标。

"排律盛於唐代，没有什么佳作。到明代以后，科举里面作诗，叫作试帖诗，完全是从排律演变过来的。

"再讲新诗：

"至於新诗的起来，完全受了译诗的影响。古诗只受到'韵'的拘束，而近体又加上了平仄和字数句数。新诗的创作，是不整齐的，没有格律拘束的，但是这样岂不是变成了散文吗？原来新诗的要求是求自然的格律，优美的句语与和谐的音调的。但是无论如何，也得要真挚的情感，无病呻吟绝不会作出好诗来。以自然的音节，传达出作者的情味，才可以称佳作。

"译诗也是如此。

"现在新诗还只是一个草创时期，还没有多大的收获，光而大之，要看许多青年们的努力了。"

大家都静静地，没有一点声息。学校里的同学除在这儿听讲的以外，大都已回家去了。大讲堂门口也站了几个人，是本校小学部里的教师。李先生停了两分钟，又鼓起他沉重宏大的语调来：

"诗的分类和历史，大致如此。现在再来说诗的起源与它的变化吧！

"韵文发生在散文以前，这是谁也不能否认的。但是'诗歌是艺术的一种'讲述的起源，往往连带到艺术的起源上去的。艺术的起源说法很多，大抵一说是为了功用，便是说这是工人们在工作时发生来的自然的呼声；另一说是为了美观，例如剑柄上的雕刻，是在功用以外因爱好艺术而产生的。但是诗的起源于民间的歌谣，这是毫无问题的。那么歌谣为什么产生呢？我可以归纳地说两大原因。"他拿起了粉笔：

一，内心的抒发；

二，环境的需要。

　　"内心的抒发，第一便是男女的情爱。《诗经》上有很多的情诗便可以证明。日本西京的民间也通行一种'都踊'，这也是古代风俗的遗留。现在苗、猺民歌中也有这种例子。第二种是人类有忧郁悲哀时哼出来以自己安慰的。《诗序》上有一段话道：

> 诗者，志之所之也；在心为志，发言为诗。情动於中，而形於言；言之不足，故嗟叹之；嗟叹之不足，故咏歌之；咏歌之不足，故不知手之舞之，足之蹈之也。

朱熹的《诗经注序》里也说：

> 人生而静，天之性也，感於物而动，性之欲也。夫既有欲矣，则不能无思；既有思矣，则不能无言；既有言矣，则言之所不能尽，而发於咨嗟咏叹之余者，又必有自然之音响节族而不能已焉，此诗之所以作也。

这两者都承认诗用以抒发作者的思想的。《诗经》里，人民咒骂政府，人民埋怨生活之苦恼，也都有很好的作品。因为在工作时，也往往发生最简单的歌声来，中国古书里很多有这种例子。像《说苑》里所记载的榜人女歌

> 山有木兮木有枝，心悦君兮君不知。

同时也有用以作谚语的，像东汉时牟融所引的古谚：

> 少所见，多所怪，见橐驼言马肿背。

一直到现代口头语里也有'少见多怪'的话了。

"这是由於内心的抒发。

"环境的关系，一种是用诗歌来鼓吹尚武精神的，这和现在许多流行的歌曲一样，如李颀的《古意》：

> 男儿事长征，少小幽燕客，赌胜马蹄下，由来轻七尺。杀人莫敢前，须如猬毛磔。黄云陇底白云飞，未得报恩不得归。辽东少妇年十五，惯弹琵琶

解歌舞。今为羌笛出塞声，使我三军泪如雨。

多少豪健，多少可以刺激人心？古代民族尚武的精神，比现代来得强烈，因此鼓吹尚武也是事实上必要的工作了。第二种是用以诵神祀神的。西洋希腊时代也常有这种给神听的《歌词》。中国古代《楚辞》里的《九歌》，就是楚人祀神的曲子。现在苗族祀神的时候，嘴里也哼着一种调子。这完全是媚神用的。第三是因为韵文比散文容易记忆，於是将名言编成歌辞使读者不会忘掉。古代纸笔没有现代那么便利，所以记忆是一件重要的事。例如古代的谚语：

> 生相怜，死相捐。
>
> 众心成城，众口铄金。
>
> 长袖善舞，多金善贾。
>
> 畏首畏尾，身其余几。
>
> 兽恶其网，民怨其上。
>
> 当断不断，反受其乱。
>
> 射的白，斛米百，射的玄，斛米斗。

因为便於记忆，便编成了歌曲了。又例如苏轼的诗：

> 陌上花开缓缓归。

同时，五代吴越王钱镠给他夫人的信里，也有这两句话：

> 陌上花开，可缓缓归矣。

又如宋辛弃疾的词里有：

> 明日落花寒食，得且住为佳耳。

而晋朝人的文章里也有'寒食近，小住为佳耳'的话。可见编成韵文和原来的散文没有什么大出入的。

"因上面这两种，诗歌先从口头文学演变而成为书写的文艺，由平民的歌谣一变而为贵族的庙堂文学了。

"这是诗歌的起源。中国诗除《诗经》里所记述的以外，还有许多'逸诗'在古书中常常被引用到。但是有许多却是后来伪造的。中国韵文的起源如此之早，而历史又如此之复杂，自有许多很好很好的作品。可惜在诗的全盛时代——唐朝，却将诗上加了许多束缚，使作家们牺牲了许多好的思想、好的意境，这不能不说是一件可惜的事。"

李先生休息了一会，章明倒了一杯茶给他，大家在纷纷讨论着什么，墙上的钟清晰地正打了四下。

第三十章　谈诗（二）

章明将记录的稿子送在祖平的前面，祖平在口袋里摸出一支钢笔来。

李先生吃了茶，坐着又谈下去：

"现在我要谈到诗的演变了。'诗'这一个名词，中国人也有将它代表'韵文'的全体的。所以诗的演变，也可以说是整个中国的韵文概论。如果详细地抒述起来，就是十天也说不完的。现在时间有限，我只将大概的情形说一说，你们也可以知道中国韵文的概况了。

"诗的演变，我也可以简单的表格来说明。"他在黑板上写着：

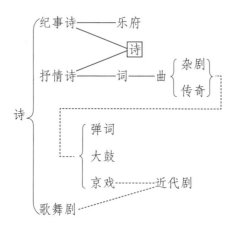

　　"乐府诗虽然是诗的一种，但也可以说是诗的变体，以后又称作歌行了。纪事诗在《诗经》里，便是《硕人其颀》一首，是记载齐国庄姜的故事的，也可以说是后代乐府和歌行的雏形。让我写它出来：

　　　　硕人其颀，衣锦褧衣。齐侯之子，卫侯之妻。
　　东宫之妹，邢侯之姨，谭公维私。
　　　　手如柔荑，肤如凝脂，领如蝤蛴，齿如瓠犀。
　　螓首蛾眉，巧笑倩兮，美目盼兮。
　　　　硕人敖敖，说於农郊。四牡有骄，朱幩镳镳，翟茀以朝。大夫夙退，无使君劳。

　　河水洋洋，北流活活。施罛濊濊，鳣鲔发发，
葭菼揭揭。庶姜孽孽，庶士有朅。

到汉朝中国第一首长的纪事诗《孔雀东南飞》便出现了。之后南北朝的时候有《木兰辞》，唐代有《长恨歌》和《琵琶行》，清代有《圆圆曲》。最近发现的韦庄的《秦妇吟》也是一首纪事的佳诗。

　　"其次，抒情诗到了唐代末年又分化了，变成了另一种时行的曲子。这种曲子在现代称它作'词'。

　　"为什么诗会变成词呢？大约有三个原因：一，因为中国到了唐代，和西域匈奴都有往来，音乐已有不少的改变。二，因为诗在唐代已是极盛，大家苦于字数的拘束，聪明的人要辟一条新的途径。三，唐代诗和音乐已脱离关系了，自然的需要，不得不再另造一种合乐的文艺。有此三因，'词'便在五代创始了，在宋代大盛了。

　　"词的初期的作家，我们可以在《花间集》里知道。陆游在《花间集》跋里说：

　　诗至晚唐五季，气格卑陋，千人一律。而长短句独精巧高丽，后世莫及。

正因为'千人一律'了，所以'词'才应运而生的。

　　"五代词多是小令，到了宋朝才有引和慢。小令是短短的词引，是引长的意思，慢调比引更长些。所以我们可以称宋是词的全盛时期，和诗在唐代一样。

　　"词的体制在表面上和诗不同的地方，便是词的句子长短不一定，而诗却大都是有规定的。还有词分上下片，而诗却只有一首。在内容上，词比诗更婉曲，更隐藏。我们且举出秦观的一首慢词《江城子》来读读：

　　山抹微云，天黏衰草，画角声断谯门。暂停征棹，聊共引离樽。多少蓬莱旧事，空回首，烟霭纷纷。斜阳外，寒鸦数点，流水绕孤村。消魂当此际，香囊暗解，罗带轻分，漫赢得青楼，薄幸名存。此去何时见也，襟袖上空染啼痕。伤情处，高城望断，灯火已黄昏。

所以晏殊同时在一首诗和一首词里都用了'无可奈何花落去，似曾相识燕归来'。两句在诗里似乎太柔弱了一些。这便可以分别诗和词的不同了。从前有人将唐诗'清明时节雨纷纷'的一首，加以标点，便成为一首好词：

　　　　清明时节，雨纷纷。路上行人，欲断魂。借问酒家何处有？牧童遥指杏花村。

"这便是诗与词意境上的分野了。

"现代上填词，以为词有一定的谱式，虽然用韵比诗宽些，而每字要分四声，很觉得为难。其实宋代人填词也不过自己作律，只要合乎音乐，旁的都不生问题。——可惜词乐在现在已经失传了。

"宋代的词分为两大派别，一派可以柳永来做代表，称它作'婉柔'。例如他的《八声甘州》：

　　　　对潇潇暮雨洒江天，一番洗清秋。渐霜风凄紧，关河冷落，残照当楼。是处红衰绿减，苒苒物华休。惟有长江水，无语东流。不忍高临远，望故乡飘邈，归思难收。叹年来踪迹，何事苦淹留。想佳人妆楼长望，误几回天际识归舟。争知我，倚阑干处，正恁凝愁！

另一派可以苏轼来代表，他的才思奔放，曲子缚他不住，便容易不合音乐。这一派我们可以称他作'豪放'。南宋辛弃疾也是这一派，例如他的《永遇乐》：

千古江山，英雄无觅孙仲谋处。舞榭歌台，风流总被雨打风吹去。斜阳草树，寻常巷陌，人道寄奴曾住。想当年，金戈铁马，气吞万里如虎。元嘉草草，封狼居胥，赢得仓皇北顾。四十三年，望中犹记，烽火扬州路。可堪回首，佛狸祠下，一片神鸦社鼓。凭谁问，廉颇老矣，尚能饭否？

"词里面以婉约清新为正宗，所以有'当行''别派'的说法。南宋周邦彦的词很出名，别人推他为正宗。陈郁称他：

一百年来以乐府独步。贵人学士，市侩妓女，皆知其词为可爱。

例如他的《夜游宫》：

> 叶下斜阳照水，卷轻浪沉沉千里，桥上酸风射眸子。立多时，看黄昏，灯火市。古屋寒窗底，听几片井桐飞坠，不恋单衾再三起。有谁知，为萧娘，书一纸。

真一丝也没有烟火气了。词到了清朝，又复兴起来。清朝的词我们且不去谈它。

"宋词之后，又变成了元曲。元曲是宋词和大曲变化出来的，也是戏剧和词和音乐的综合品。曲，是一个总名称。元朝通行的叫作杂剧，明朝通行的叫作传奇。杂剧以四出（即四幕）为原则，而传奇多至二十出以上。杂剧盛行於北方，又称为北曲；传奇盛行於南方，又称为南曲。

"曲联成一部戏曲的很多，但也单是填词而联成一出戏的，叫作散曲。散曲是从词里变化出来的，我们试将李煜的《长相思》和元朝关汉卿的《大德歌》做一比较：

> 云一緺，玉一梭，淡淡衫儿薄薄罗，轻颦双黛螺。秋风多，雨相和，帘外芭蕉三两窠，夜长人奈何！ （《长相思》）
>
> 风飘飘，雨潇潇，便做陈抟也睡不着。懊恼伤怀抱，扑簌簌泪点抛。秋蝉儿噪罢寒蛩儿叫，淅零零细雨打芭蕉。 （《大德歌》）

实在是差不多的，不过加上了些俗语罢了。吴梅说：

> 金元以来士大夫好以俚语入词，酒边灯下，四字《沁园春》，七字《瑞鹧鸪》粗豪横决，动以稼轩龙渚自况，同时诸宫调词行，即词变为曲之始。

散曲也和词一样，可以分为"豪放"和"清丽"两派。豪放的我来举一个例子——李开先的《傍妆台》：

曲参参，一轮残月照边关。恨来口吸尽黄河水，拳打碎贺兰山。铁衣披雪浑身湿，宝剑飞霜扑面寒。驱兵去，破虏还，得偷闲处且偷闲。

清新的我且举张可久的《一枝花》来做例子：

长天落彩霞，远水涵秋镜。花如人面红，山似佛头青。生色围屏，翠冷松云径，嫣然眉黛横。但携将旎旖浓香，何必赋横斜瘦影？

"弹词的起源，虽然有人说出於宋代的'变文'，但是它也是韵文之一，协韵、语法和诗、词、曲三者不无关系的。最早的弹词始於什么时候，现在已无从考究。杨慎的《二十四史弹词》已是很早的作品了。它每段开始必定先填一首词，后面加以诗句。例如第三段的开始，便是一首《临江仙》：

滚滚长江东逝水，浪花淘尽英雄，是非成败转头空。青山依旧在，几度夕阳红。白发渔樵江

渚上，惯看秋月春风。一壶浊酒喜相逢，古今多少
事，都付笑谈中。

末了又结以诗道：

> 前人创业非容易，后代无贤总是空。
> 回首汉陵和楚庙，一般潇洒月明中。

现在福州的'评话'、广东的'木鱼书'等也都是弹词
的变体，大都注重於故事的叙述，只求协韵，文字的好
坏是置之不论的。

"鼓词之流行於北方，正和弹词流行於南方一样。
弹词的主要乐器是琵琶，而鼓词却是鼓板。

"鼓词的来源也有人说始於变文，赵德麟的《商调
蝶恋花》鼓子词是最早的鼓词，它是拿元微之的《会真
记》的每一段加以一首蝶恋花，这可以说是散文、韵文
联合的一个转变枢纽，也是后世弹词鼓词的起源。他在
开端说：'调曰商调，曲名《蝶恋花》，句句言情，篇
篇见意，奉劳歌伴，先定格调，后听芜词。'后来每一

段正文末了一定写着'奉劳歌伴，再和前声'。我且举他前后两首来做例子：

> 丽质仙娥坐月殿，谪向人间，未免凡情乱。宋玉墙东流美盼，乱花深处曾相见。
>
> 密意浓欢方有便，不索浮名，旋遣轻分散。最恨多才情太浅，等闲不会离人怨。
>
> 镜破人离何处间，路隔银河，岁会知犹近。只道新来消瘦损，玉容不见空传信。
>
> 弃掷前欢俱未忍，岂料盟言，陡顿无凭准。地久天长终有尽，绵绵不似无穷恨。

"清代中叶，说鼓词的人大都'摘唱'，不是以全篇故事来说述的。现代大鼓之中，又有京音大鼓[①]、八角大鼓、梨花大鼓等分别。

"大鼓以后，尚有所谓'弟子书'。弟子书有东调西调之分：东调是豪放的一派，西调是婉柔的一派。

---

① 今称"京韵大鼓"。——编者注。

　　"以上鼓词和弹词两种，完全脱了诗词那般格律上的束缚，又回复到古诗只用韵而不规定字数句数的形态，是诗的流变，也可以说是诗的解放。凡是一种文学流传到民间去，格律的束缚往往要解除的，这便是一个很好的例子。

　　"京戏又称作皮簧，现在还流行，它的唱词虽然俚俗，但也脱不了用韵的。但名角讲究咬字，咬字和音乐的配合也很有关系的。但是近代剧却是受了西洋戏剧的影响，而成为独立的艺术之一种了。

　　"谈诗，就大的方面来说，可分作三种谈法：第一是谈诗歌的历史，第二是谈诗歌的原理。这两者我在上面已有了简略的叙述了。第三是谈诗歌的艺术，这一点，因为很抽象，又因为个人的兴会不同，不很容易具体地解说，即使说了，怕有许多同学不会懂得的。

　　"但是我可以再附加地说明一下，诗固然是吟咏性情的作品，但是与民族性、时代背景和哲学有很大的关系，因为这三者可以左右人们的思想和感情。中国南北朝的时候，南方民族性很文弱，而北方的却非常刚强，作品上的色彩便因而不同了。《子夜歌》多么缠绵悱恻，而《木兰辞》多么雄壮。这是民族性不同而作品也跟着不同的证据。

"同时，政治不定，治世的歌唱与乱世的呼号也是因时代而不同的。例如太平时候的歌唱：

> 短篱矮屋板桥西，十亩桑阴接稻畦。
>
> 满眼儿孙满檐日，饭香时节午鸡啼。

这是多么幽闲的一幅农村的景象。但是杜甫在伤乱流离之中的作品是：

> 清秋幕府井梧寒，独宿江城蜡炬残。
>
> 永夜角声悲自语，中天月色好谁看？
>
> 风尘荏苒音书绝，关塞萧条行路难。
>
> 已忍伶俜十年事，强移栖息一枝安。

正是现代流离颠沛的写影。同是一个李煜，在南唐做国君的时候的作品是：

归时休放烛花红，待踏马蹄清夜月。

后来被宋太祖捉去，他便是辗转想吟'问君能有几多愁，却是一江春水向东流''无限江山，别时容易见时难'了。这是时代背景的关系。

"其次，这一时代和这一个人的哲学如何，也常常影响到他的作品的。唐代两大诗人李白和杜甫，李白的诗道家的色彩很浓厚。他说：

> 处世若大梦，胡为劳其生！
> 所以终日醉，颓然卧前楹。
> 觉来盼前庭，一鸟花间鸣。
> 借问此何时？春风语流莺。
> 感之欲叹息，对酒还自倾。
> 浩歌待明月，曲尽已忘情。

而杜甫却有浓厚的儒家的色彩。他说：

> 戍鼓断人行，秋边一雁声。

露酒今夜白，月是故乡明。

有弟皆分散，无家问死生。

寄书长不达，况乃未休兵。

而王维的'导以微妙法，结为清净因'和柳宗元的'闲持贝叶书，步出东斋读。澹然离言说，悟悦心自足'，便有释家的色彩了。苏东坡的诗里也有很浓厚的佛家的意味：

寄语问道人，借禅以为诙：

何所闻而去？何所见而回？

道人笑不答，此意安在哉！

昔者本不往，今日亦无来。

此语竟非是，且食白杨梅。

完全在道佛语了。宋代理学家的一派，甚至於拿诗来做说理的作品，朱熹的'半亩方塘一鉴开，天光云影共徘徊。问渠那得清如许？为有源头活水来。'他是在论读书的道理。

　　"我所要谈的诗的大概，就是如此了。诗的意境很难说，还是让各人自己去领会吧。我知道同学们来听我谈诗，希望我会告诉你们一个作诗的秘诀或捷径。坊间这种书名是有的，也不过告诉你旧式诗歌的平仄格调而已。我所说的是谈诗一定得知道的基本常识。作诗秘诀是没有的，各人意境和感情都是千变万化，如果一定要硬塞入一个模型是不可能的事，即使可能，也不会有好作品的。所以作诗不必先孜孜研究於格律，不妨先学新诗，懂得了诗的灵感和诗的意境以后，那么无论什么诗词曲都不难作得的。否则无病呻吟反而变成不通，变成了从前女人的缠脚。"

　　大家哄笑起来，李先生在笑声中离开了教室、学校，踏着苍茫的暮色向东走去。

第三十一章　情感与性灵

仲春的天气燠热得和初夏一样，暖和的风吹薄了人们身上的衣着。铁儿穿了新的工人装，显出更活泼的样子。李寓里今天也比往日热闹得多了。

这里，除了几个常见的小朋友——祖平和章明——以外，还有祖年和赵鸣之，两个瘦长的个子，都没有戴眼镜。屋子里唯一的方桌已摆在全室的中央，上面整齐地放了许多碗筷。

外边传来一阵茉莉花的清香，是中饭的时候了。

祖平坐在写字台的跟前，他随手翻开了一本书，是《牡丹亭》，这里有一句他熟悉的句子：

原来是姹紫嫣红开遍，似这般都付与断井颓垣！

他轻轻地低吟了一遍，细细地玩味着这一句话。

赵鸣之立刻注意了他，向他微微地点点头："你倒有无限的感触哩！"

祖平红着脸，向大家注视着他的脸儿望望："不，我觉得这句话真好，短短的几个字里，却包含着很深刻的情感。"

亦平也默默地将这两句念一下："你能够注意到这种地方，可见你国文已有了进步。中国古来写文章全凭感情，情之所至，文章便格外生色。有许多文字表面上看来是一句笨话，然而读者却不觉其笨，而反觉感情的洋溢，这是感情真挚的好处。"他随手接过那本《牡丹亭》来看。

"但是，同样的感情，各人的写法可以是不同的。"章明说。

"对。"赵鸣之说，"但是其中最主要的有两个条件：第一是'真挚'，第二是'浓厚'。能够做到这两点，文章便不会十分坏了。

"'真挚'，就是将胸中的一切情感毫无矫揉地写述出来。同一环境，同一事物，各人所感不同，不必依前人的话来当作自己的抒情。不人云亦云，不无病呻吟，便是'真挚'了。例如杜甫的《闻官军收河南河北》：

> 剑外忽传收蓟北，初闻涕泪满衣裳。
>
> 却看妻子愁何在？漫卷诗书喜欲狂。
>
> 白日放歌须纵酒，青春作伴好还乡。
>
> 便从巴峡穿巫峡，直下襄阳向洛阳。

我们试设身处地代他想想，这种话句句是从胸肺中流出来的。如果信口开河，便没有这种真挚的趣味了。

"所以要感情真挚，只消照自己所感到的直述，不必刻意形容。在文章里老老实实地写出它可悲之事，在读者间便可引起悲哀的情绪。如果你不是如此，单只写'悲哀呀''寂寞呀'，即使写一千遍，也只徒令人厌倦而已。宋徽宗赵佶被金人捉到北方去的时候，他在船里作一首小词道：

> 孟婆婆，你行些方便，将船儿吹得倒转。

可见当时他发急的情形了。如果写'他大哭一场，悲痛欲死'，也不如原文的有趣。又如他在北国想念家乡，作了一首《宴小亭词》，记得下半阕是：

> 凭寄离恨重重，这双燕何曾会人言语？天遥地远，万水千山，知他故宫何处。怎不思量，除梦里有时曾去。无据，和梦也新来不做。

只能从梦里回来，这话已够使人悲痛了，而下面又说连梦也不做，那么即使想从梦中归去也不可能了，其情更可悲痛了。这也是举一以见其悲苦的方法。

"'浓厚'，是写出情感时的一种技巧，如何可以使自己感情具体地显示出来。例如辛弃疾的《祝英台近》：

> 宝钗分，桃叶渡，烟雨暗南浦，怕上层楼，十日九风雨。断肠点点飞红，都无人管，凭谁唤流莺声住？鬓边觑，试把花卜归期，才簪又重数。罗帐灯昏，哽咽梦中语。是他春带愁来，春归何处，却不解带将愁去。

将词人怀春及恨时光的易逝的愁苦，非常浓厚地写了出来。'春带愁来''春归何处'明明是笨话，但是在此地却更显出了徘徊幽苦的表情。又如清朝朱彝尊的《解佩令》：

> 十年磨剑，五陵结客，把平生涕泪都漂尽。老去填词，一半是空中传恨，几曾围燕钗蝉鬓？不师秦七，不师黄九，倚新声玉田差尽。落拓江湖，且分付歌筵红粉，料封侯，白头无分！

是多么雄壮感慨的表现。……"

"慢慢再说，吃饭了！"亦平打断了鸣之的话头。韦玉正穿着一件洁白的厨子衣服，忙着在端菜。

桌子上一阵热气直冲上来，他们大家都各自拉拢了椅子。铁儿不肯示弱，一跳就坐在亦平的身边。

当中是一大盘鸭，四周放着不少可口的菜。

祖平一只手正夹着一块鳝片，看看亦平，又讨论到刚才的问题："李先生，叙述情感有一定的方法吗？"他将鳝片放在嘴里，在等候亦平的回答。

"这倒没有一定的方式的。"亦平沉吟了一歇,"不过梁任公曾经说起过。他分作三种,是'奔迸的表情法'、'回荡的表情法'和'蕴藉的表情法'三种。"

"那么这三种有什么不同呢?"章明追着问。

"大致:第一种奔迸的表情法,就是说以很简单的话,把极真挚的情感尽量表达出来,例如古乐府里的《陇头歌》:

　　　陇头流水,其声呜咽;遥望秦川,肝肠断绝。

这好像含着许多愁苦的人一下把自己胸中的抑郁都宣达出来了。

"第二种回荡的表情法是一种很浓厚的情感盘结在胸中,像春蚕抽丝一样地吐露出来。中国韵文着重在婉转,所以这种表情法用得最多。例如《诗经》上的那一首《黍离》:

　　　彼黍离离,彼稷之苗;行迈靡靡,中心摇摇。
　　　知我者谓我心忧,不知者谓我何求?悠悠苍天,此何人哉！

　　彼黍离离，彼稷之穗；行迈靡靡，中心如醉。知我者谓我心忧，不知者谓我何求？悠悠苍天，此何人哉！

后来宋朝李清照的《声声慢》，也是一个很适当的例子：

　　寻寻觅觅，冷冷清清，凄凄惨惨切切。乍暖还寒时候，最难将息。三两杯冷酒，怎敌得他晚来风急。雁过也，正伤心，却是旧时相识。满地黄花堆积，憔悴损，如今有谁堪摘。守旧窗儿，独自怎生得黑。梧桐更兼细雨，到黄昏点点滴滴，这次第，怎一个"愁"字了得。

　　"第三种含蓄蕴藉的表情法是令人在极平淡之中，慢慢地略领极渊永的情趣的。作者常常努力於环境的写述以衬托他的情感，例如杜甫的《羌村》：

　　峥嵘赤云西，日脚下平地。柴门鸟雀噪，归客千里至。妻孥怪我在，惊定还拭泪。世乱遭飘荡，生还偶然遂。邻人满墙头，感叹亦歔欷。夜阑更秉烛，相对如梦寐。

　　群鸡正乱叫，客至鸡斗争。驱鸡上树木，始闻叩柴荆。父老四五人，问我久远行。手中各有携，倾榼浊复清。苦辞酒味薄，黍地无人耕。兵革既未息，儿童尽东征。请为父老歌，艰难愧深情。歌罢仰天叹，四座泪纵横。"

韦玉又端上两盘菜来，自己也添了饭，坐在铁儿的左边吃饭了。她夹了些菜给祖平和章明，又教铁儿劝他们吃菜。

"李先生，刚才这几种很不容易分别出来。"祖平噘着嘴说。

"这也不过是一种归纳出来的理论而已，并不是凡是情感都一定要照这公式来抒发的。"亦平说。

"作诗不必一定要知道这种理论，知道了反而缠夹。总之，作诗乃是自抒性灵，不要依人才好。所以清朝袁枚作诗主张'性灵'，这是对的。"赵鸣之接着说。

"不但作诗如此，作文也何尝不如此呢？'我写我口'是一个重要的条件。"亦平对祖平说。

"这是清代人的话？"祖平问。

"不，明朝李攀龙他们主张复古，当时袁宏道弟兄主张作文重在自然。所以明代小品文一派很着重於性灵的抒写的。"

大家吃好了饭，忙着漱口和洗脸。亦平在书架上翻出一本《晚明小品文选》来，翻出了几页指给祖平和章明看。

祖平读着：

> 爇香者，沉则沉烟，檀则檀气，何也？其性异也。奏乐者，钟不藉鼓响，鼓不假钟音，何也？其器殊也。文章亦然。有一派学问，则酿一种意见，有一种意见，则创出一般言语；无意见则虚浮，虚浮则雷同矣。故大喜必绝倒，大哀必号痛，大怒者必叫吼动地，发上指冠。惟戏场中人，心中本无可喜事，而欲强笑，亦无可哀事，而欲强哭，其势不

得不假借模拟耳。

今之文士，浮浮泛泛，原不曾的然做一项学问，叩其胸中，亦茫然不曾具一丝意见，徒见古人有立言不朽之说，又见前辈有能诗能文之名，亦欲搦管伸纸，入此行市，连篇累牍，图人称扬。夫以茫昧之胸，而妄意鸿钜之裁，自非行乞左马之侧，墓缘残溺，盗窃遗矢，安能写满卷帙乎？

"他也是反对'无病呻吟'的。李先生，自抒性灵固然是紧要的事，但是我看文章中的感慨，大都是消极的、退缩的表现，就文章来说，他们是自写胸臆，但是就事实来说，对於人类社会是没有多大好处的。"祖平也发议论了。

亦平递了一支烟给鸣之，搔搔头发："这是一个值得研究的问题。文章中的感慨，大都是'无可奈何'的表现。但是如果他心中的确有所感触，也不妨自抒性情的。但有不少的青年人却并不是直写胸臆，不过拾人牙慧，写了满纸的抑郁，而自己本人却高高兴兴的。所以胡适的'八不主义'里要提出'不做无病呻吟'了。

"我曾将古今感慨文字的抒发方式研究过一下，大都不外乎因时间的感慨和因空间的感慨两种。前者就是所谓'今昔之感'。顽固的人就用'世风日下''人心不古'等词儿来表示。后者是地域的关系，最普通的一句话便是'世界之大，无奇不有'了。但是各人的感触不同，其表达的方式也各各不同。但就它们的大者而言，总不外乎关於时间和空间的两种方式。"

"从前李先生告诉我们的桓温的'树犹如此，人何以堪'，这也是感慨式吗？那么这属於哪一种的？"章明问。

李亦平忙接着说："这当然是属於因时间而抒发的那一项的。《世说新语》的原文是：

> 桓公北征，经金城，见前为琅玡时种柳，皆已十围。慨然曰："木犹如此，人何以堪！"攀枝执条，泫然流涕。

他是因树的长大而觉到年华的消逝，他的悲哀并不是为了树，而是为了时间的易过，这不是因时间的变易而发

生的感慨吗？唐朝王播的两首诗，完全是用这种方式来
抒发自己的感慨的。他起初不曾得意的时候，在惠州木
兰院里寄食，和尚们最势利，恨他常常来白吃饭，於是
大家约定吃了饭再打钟，等到王播赶来，大家已吃过了
饭。后来王播做了官，再回到惠州，和尚们已将他的题
在墙上的诗，用碧纱笼罩起来，表示尊重的意思。王播
见了，又作了两首诗道：

> 三十年前此院游，木兰花发园新修。
> 如今重到经行处，树老无花僧白头。

> 上堂已了各西东，惭愧阇梨饭后钟。
> 三十年来尘扑面，如今始得碧纱笼。

这两首诗都是因时间而发生的感慨。这两首点出‘三十
年前’和‘如今’来，这不是‘今昔之感’吗？第一首
是‘景物全非’之痛，第二首又是‘从前失意，现在得
意’的表示。而两首之中感慨的抒发方式都是以时间的
差异来表达的。”

　　"李先生，那么你说过的那一首'寥落故行宫，宫花寂寞红，白头宫女在，闲坐说玄宗'是不是属於这一种的？"祖平问。

　　"这首诗是以纪事的方法来暗用感慨的。在表面上看来，完全是一首纪事诗。但这里面也包含了今昔之感。虽然表面上没有'从前''如今'等词来表明，但是其中的'故行宫'是表示过去的，'说玄宗'表示'话旧'，'白头宫女'表示人在故宫已寥落，这无异是说明了时间上的变迁。这种写法实在比王播的点明时间来得有趣，因为它给予读者的印象比点明时间的更为有力。"亦平擦擦鼻子说："唐诗里还有贺知章的那一首：

　　　　少小离家老大回，乡音无改鬓毛衰。
　　　　儿童相见不相识，笑问客从何处来。

他抒写感慨的方式和前面一首多少有些相同的。"

　　"所以因时间的抒发，并不能判断它一定的优劣，要看作者个人的性灵如何，和他的表达方法如何而定。但是最忌的是说些模糊而不深刻的话。例如你感到时光

过去的匆匆而用‘时光过得真快’‘时光如白驹过隙’
一类的话来写你的感慨，便千篇一律了。所以同是这种
感慨，魏武帝说：

      岁月不居，时节如流。

而李白则说：

      天地者万物之逆旅，光阴者百代之过客。浮生
    若梦，为欢几何！

如果仔细去找关于这一类的话，正不知有多少！我们要
自铸新意，不必去抄袭古人的文句。”鸣之补足了亦平
的意思。

    “时间上的感慨我们常常见到，但是空间上的我们
却不曾见到过呢。”章明一边在抚摩着铁儿的小手。

    “在古人的文章里，常常时间和空间连在一起的。
例如苏轼的《赤壁赋》：

> 吾与子渔樵於江渚之上，侣鱼虾而友麋鹿，驾一叶之扁舟，举匏尊以相属。寄蜉蝣於天地，渺沧海之一粟。哀吾生之须臾，羡长江之无穷。挟飞仙以遨游，抱明月而长终。知不可乎骤得，托遗响於悲风。

其中便有'宇宙之大，自己之渺小'的感慨。又如朱自清的《匆匆》里也有这样一段感慨：

> 在逃去如飞的日子里，在千门万户的世界里的我能做些什么呢，只有徘徊罢了，只有匆匆罢了。

又如陈子昂的古诗：

> 前不见古人，后不见来者，念天地之悠悠，独怆然而涕下。

都是有时间和空间的感慨的。

　　"这两种感慨的抒发，不是完全是消极的表示。

宇宙之大，今昔之改变，当然是人类最易感到的苦闷。将这苦闷因一些事实而抒发出来，便形成一种'无可奈何'的感慨了。但是在这种感慨之中有许多却不肯'无可奈何'而表示出积极的思想来，但其感慨的力量便不如前面的几种了。我且拿岳飞的《满江红》和辛弃疾的《菩萨蛮》来做一比较吧：

> 怒发冲冠，凭阑处，潇潇雨歇。抬望眼，仰天长啸，壮怀激烈。三十功名尘与土，八千里路云和月。莫等闲白了少年头，空悲切。
>
> 靖康耻，犹未雪；臣子恨，何时灭？驾长车踏破贺兰山缺。壮志饥餐胡虏肉，笑谈渴饮匈奴血。待从头收拾旧山河，朝天阙。

> 郁孤台下清江水，中间多少行人泪。西北望长安，可怜无数山。青山遮不住，毕竟东流去。江晚正愁予，山深闻鹧鸪。

后者的感慨便觉比前者来得深切了。"

　　太阳直晒进屋子来，他们都浴在金色的阳光里了。
亦平含着烟，脸上浮出一阵得意的浅笑。

第三十二章　记述和描写

李寓的前面，有一片小小的草地，黑色的篱笆将它分成等量的小方块，分给每一所屋子。篱笆上已攀遍了蔷薇花的嫩枝。这时候，刚才下过一阵雨，冬青树上还留着不少的水迹。

一辆黄包车直拉进弄堂里，载着一个又胖又长的人物。帽子压在眉际，宽大的衣服更显出他身躯的粗大了。圆圆的脸上嵌镶着两只小眼，似乎是很不相称的。车夫将车子放在铁门外面，一只手接了车钱，一只手在抹汗。

"李先生，你要睡午觉吗？到璇宫去还早呢！"祖平笑嘻嘻地，"哥哥说他两点整在门口候我们。"

屋子里的空气很紧张，尤其是铁儿，他已在向章明问起璇宫剧场门口的景物了。韦玉忙着在整理饭碗，又看着李亦平，慢慢地：

"今天是《明末遗恨》？"

亦平点点头："你也同去。"又回头对祖平说："其实还是请祖年兄到此地来一同去的好。——我知道他又在客气了。"

章明静静地在屋子角落里看书，屋子里静默了下来。这时候忽然一阵叩门声惊动了他们，接着，这胖胖的大大的个子，立在他们前面了。

"唔……"亦平立了起来，注视着对方的有短短胡须的脸，"你是……？"

但是来客并没有说什么，也呆呆地向四周打量一下，又很快地注视了亦平的脸好久，好久。屋子里的人的惊异渐渐变成了恐怖。铁儿也上前去拉着他爸爸的手。

笑声冲破了空气的沉寂，那来客禁不住狂笑起来："亦平，你不认识我了。"他老实不客气地在桌边的凳上坐下，用手摸摸他的胡须。

"真对不起，我的记忆力太不成了。"亦平感到有些不安的样子，随手拿了一支烟给他。

"你还记得在北平念书的时候吗？你有一个同学叫

魏德明，有没有？"他故意慢吞吞地。

"哦！我记得了，你是德明的哥哥。"他突然站了起来，"你现在变成了胖子，又留了胡子，怎么还认得你？一向来好吧？"

"谢谢你，我最近已经搬家到南京了。"他喝了一口茶，举止很滑稽，又有些不自然，脸红红地，"自从德明死了之后，我就搬到辽宁，在那儿混了三四年。"

亦平脸上出现不大高兴的样子，随口答应他："德明真可惜，这么聪明的的一个人！"

"唔！是的，这也是他自己不好。"

亦平回过头来向祖平轻轻地说："你打电话去通知你哥哥说：这儿有客，咱们今天不去了。"

祖平向客人瞪了眼，有些不高兴的样子。

"亦平先生，你有事？我也要走了。"他立了起来，又重新坐了下去，"不是要紧的约会吧？——今天很难得，咱们碰头是不容易的。也好——"对祖平："——就请你去打电话吧！"他脸上浮出一阵假笑。

祖平又向他瞪了一眼，没有答应，很快地走了。

"魏先生，你怎么知道我在此地的"？亦平在敷衍他。

"我知道你在宏文中学教书，我曾经到那边去过。——亦平先生，我想和你谈一个天。"他嗫嚅地。

章明放下了书，在静听他们谈话，但是这时候，那客人的语调突然降低了，将他自己的头直伸到亦平的耳边去。亦平皱着眉闭着嘴，静静地听着。

好久，祖平回来了，他向章明做了一个鬼脸。他们俩也在低声讨论这客人的来历了。那

魏先生带着失望的脸色走了，亦平非常谦恭地送下楼去。写字台上祖平正在勾划那一样未画完的画像。

"身子还要胖，"章明在批评，"很像呢。"他拿起这张画来看看。铁儿走了过去，向他要这张画。

当亦平回来的时候，祖平用叹息的口吻说："星期日的下半天又被他牺牲了！"

"祖年兄在家吗？"亦平问。

"已经通知过了。李先生，这是谁？"

"是从前一个同学的哥哥。他在北平做过官，弄了许多钱，将他的弟弟出卖了。因此我的同学是死在监狱里的。今天他来看我，其实我却不愿意和他多谈。"李

先生将自己掷在藤椅上，陷入於沉思。

"他来干什么？"章明追问着。

亦平有些不愿说的样子："他叫我去做我不愿做的事，在他也许是好意。"他叹息着："人事的变幻真多，人们做人的方式也真多。如果将所见所闻的人物记录下来，一定很有意思的。"

铁儿走了过来，手里拿着那张画。亦平拿来看了一下，禁不住狂笑起来。"这是你们画的？——画画，同做文章一样，要得其神似。你看这简单的几笔，已将他的神情都毕露了。"

"但是我却嫌这里写得太简单，没有具体的印象。"章明举起他手中的书，祖平看了，是一本《聊斋志异》。

"对，对。文章的描写不在乎多少的。同时，文章的记述和描写各各不同。今天下午反正没事了，就和你们谈谈这个问题吧！

"记述的目的，在求不失真，只要将一件事的经过或大概写它下来，没有错误，已尽了它的责任了。历史，着重在记述，所以重在简洁，不然如果细细地描写，那么几千年几百年的事实便记不胜记了。例《春秋》上写着：

夏，五月，郑伯克段於鄢。

《左传》上便仔细地将它前因后果写了出来，但是它的写法，也是记述而不重描写的。如《聊斋志异》上的：

某生，面目姣好。

这里的'面目姣好'也是一个类念，只是记述而不是描写。所以这是失败的描写。又如晋献公杀太子申生的故事，《礼记·檀弓》所载与《史记》完全不同。"

他从书架上翻出一部《十三经》和一本《史记》来。他们同读《史记》上的一节。

魏姬谓太子曰："君梦见齐姜，太子速祭曲沃，归釐於君。"太子於是祭其母齐姜於曲沃，上其荐胙於献公。献公时出猎，置胙於官中。魏姬

> 使人置毒药胙中。居二日，献公从猎来还，宰人上
> 胙献公，献公欲飨之。魏姬从旁止之曰："胙所从
> 来远，宜试之。"祭地，地坟；与犬，犬死；与小
> 臣，小臣死。魏姬泣曰："太子何忍也！其父而欲
> 弑代之，况他人乎？且君老矣，旦暮之人曾不能
> 待，而欲弑之！"

而《礼记》上只写'晋献公将杀其世子申生。'这便是
描写与记述的不同了。

　"文艺创作往往着重於描写。描写的区分，大抵可
以分作直接描写和间接描写两种。直接描写是作者直接
地将故事中的人或物的特性呈现於读者之前，间接描写
是由人物的左右来衬托表达的。直接描写不外乎外形的
描写和心理的剖解，外形的描写我可以用歌德的《浮士
德》上的一节来做例子：

> 　　她并不高，有很好的身材，略为纤瘦一点。她
> 有柔软的、匀称的面貌，可爱的滑腻的前额，轻飘
> 的金黄的头发，和她母亲一样的笔直的鼻子，稍稍

饱满的两瓣嘴唇。她的黑褐色的眼睛在温和的向上转过来的眼睫毛底下看起来，略为有点大，简直捷爽快些。

这就是外形的描写了，它对於这女子的面貌的描写可以说是很忠实了，可是我们还嫌它过於琐碎些。其实只要抓住人物的特点加以简单的刻画，便可使人得到一个具体的印象了。例如《史记》上写刘邦：

　　高祖为人隆准而龙颜，美须髯，左股有七十二黑子。

反而印象比较具体些。如果将所要描写的人物的脸上每一部分都做琐碎的写述，那反而使读者厌倦了。

　　"至於心理的剖解，却且一般人所容易忽略的事。其实每一个人的心理的转变，差不多每时每刻在进行着，做直接的描写也容易流入於琐碎和抽象。但是自然主义派的作家却很着重於内心的抒写。可是内心的描写和性格的刻画，决不能用杂凑支离的议论来表达的。因此，我们决计不能创造出一个与社会环境绝对各异的人物，换句话说，我们所写的内心的感想，也不可以是特异的。

"至於自己的感情的写述，有的老老实实一丝不遗地写了出来，和描写别人的心境一样；也有用一种衬托的方式来表示当时自己感情的变态的。例如苏雪林的《收获》，你们是读过的，她的结尾说：

> 我爱我的祖国，然而我在祖国中只尝到连续不断的破灭的痛苦，却得不到一点收获的愉快！过去的异国的梦，重谈起来，是何等的教我系恋啊！

她上面只告诉人家采葡萄的故事，而最后却将自己内心所联想到的感想写出来，虽然是直述的，但是也全靠前面几段文字的衬托！你们不妨再去读一遍看！"

他点了一支烟，把刚才的忧郁忘怀了。他已浸润在一种不可名言的安慰里，用愉快的眼光望望对面凝听着的两个青年和自己正在用浆糊黏纸的铁儿。

"你们喜欢听吗？"他停了一分钟，似乎在等候对方的回答。他们微笑地点点头。

　　"再讲间接的描写。间接的描写可以分作'说话''动作''环境'等等。但是描写人或物的本身而不顾到它的环境，是很容易失败的。尤其是'人物'，他的'说话''动作'与他的性格有很大的关系，无论是在外形上或内心上。例如一个木匠，他一定有粗糙的大手的，他在做工时的动作也绝不会和成衣匠一样。同时，一个无知识的人，当然也不能用'三纲五常'的理论来说服'秀才'。你们仔细去观察，职业与人们的动作也有关系的。至於'物'的描摹，也和环境发生关系。例如野外的一株玫瑰，你单写它的颜色与姿态是不够的，也得将它四周的情形写一下。同时环境可以给读者以衬托的力量，例如说夜间在乡村里，在冬天，你写一个旅客夜行的情形，你单述他内心的忧郁和行走的动作，也觉到这不过是一种记述而已；如果你写出深夜犬吠的凄凉和一切足以使人恐怖悲哀的环境，那便容易感动人心。例如《鸣机夜课图记》的一节：

　　　　先外祖长身白髯，喜饮酒。酒酣，辄大声吟咏

作诗，令吾母指其疵。母每指一字，先外祖则满引
一觥；数指之后，乃陶然捋须大笑，举觞自呼曰：
"不意阿丈乃有此女！"既而摩铨顶曰："好儿
子，尔他日何以报母？"铨稚不能答，投母怀，泪
涔涔下，母亦抱儿而泣。檐风几烛，若愀然助人以
哀者。

'檐风几烛，若愀然助人以哀者'这便是作者在写述文
章时不肯忽略环境的描写的证据。又如适夷的《战地的
一日》：

我们打江西的时候，打进一个地方，一个老百
姓也不见，要吃的冇吃，要住的冇住。墙头上写了
许多大字，"穷人冇打穷人"。老百姓见了我们比
鬼还怕。

这话里保存了广东的口语，一个广东兵的姿态可以在这
话里很明显地表现出来，所以对话与人物也是有关系
的。又如《史记》写刘邦和项羽两人个性的不同，写刘

邦看到秦始皇威赫的样子，他说：

> 大丈夫正当如是。

而项羽呢，他却写道：

> 秦始皇帝游会稽渡浙江，梁与籍俱观。籍曰："彼可取而代也。"梁掩其口，曰："毋妄言，族矣！"

不但写出当时的环境，而且项羽的粗鲁豪放的性情也在这一句话里表示出来了；而刘邦只是羡慕功名富贵的一个庸人而已。如果不用会话来表示，是很不容易讨好的。所以司马迁常以会话来表示项羽直爽的性情，例如《鸿门宴》上的一段：

> 沛公旦日从百余骑来见项王，至鸿门，谢曰："臣与将军戮力而攻秦……今者有小人之言，令将军与臣有郤。"项王曰："此沛公左司马曹无伤言之，不然，籍何以至此？"……沛公至军，立诛杀

曹无伤。

又竭力写沛公的狡猾，两者恰巧成一对比：

> 项王……为高祖置太公其上，告汉王曰："今急下，吾烹太公！"汉王曰："吾与项羽俱北面受命怀王，曰：'约为兄弟。'吾翁即若翁；必欲烹而翁，幸分我一杯羹。"

太公是刘邦的父亲，这可见刘邦的残忍与狡猾了。这都是以会话表示人物的个性的好例子。

"描写中应注意之点，便是前后应该有一个系统，不可自相矛盾，即使是想象的事物，也要它合乎情理，与事实没有背戾之处，才算佳作，否则反使读者感到不真切了。

让我再拿《复活》里的一段再来举个例子吧！"他又指出《复活》的一节来给他们看：

> 红发妇人一听这话，反倒向前走近，阿拉伯娃

推她那个肥胖的胸脯。红发女人仿佛正等着这一手儿，当时就用极迅速的行动把一只手揪住阿拉伯娃的头发，打算用另一只手打她的脸颊。但阿拉伯娃竟把它拿住了。玛丝洛娃和小美人也上前来拉住红发妇人的手，竭力给她们两人拆开，但是红发妇人揪住辫发的那只手竟不肯放。……许多妇人都聚在打架的人的旁边，一面替她们分解，一面不住地嚷着。连那个痨病妇人也走了过来，咳着嗽，看那两个揪住在一起的妇人。小孩子们挤在一起也都哭了。

"这也写得够细腻了。中国旧文言文小说里这一点往往是忽略的。后来元、明的章回小说中，也很多有描写动作的例，例如《水浒》上武松景阳冈在酒店里和酒保的对话，以及后来在景阳冈打虎的动作，都是很好的描写，你们不妨仔细去看一下。还有，许多抽象的描写也是很不容易的，例如《匆匆》上写时间的过去，是不容易讨好的，但是他却写得如此淋漓尽致。又如音声的描写也不容易，《琵琶行》上用"鸟语间关花底滑，幽咽泉流冰下滩"等句子来描写，而《老残游记》中写白

妞说书的一段却更细腻而周致了。凡此种种，也是值得
研究的。"

　　忽阴忽晴的天气，使人们感到烦腻，淡淡的几方阳
光又斜照在窗上了。亦平津津有味地讲了半天，忙了半
天，这，在他是很乐意的事。他立起来，向窗外望望，
草上的雨点还在发光，他不禁感慨地：

　　"又到了暮春时节了！"

第三十三章　思想与想象

三十多人聚在教室里，各自在静静地披阅自己的已改好了的作文。李亦平昂然直立着，忽然又踱到东面去，在浏览墙壁上他们的壁报——文艺半月刊《流沙》。

虽然这上面的创作技巧还嫌幼稚些，但是清爽的字迹和几张动人的木刻很使人注意。这是小型的壁报，只不过是十几张稿纸写成的，然而正因为它是用手写成的，也是秋二年级几日来努力的一点成绩了。

有一个学生走过来问亦平卷子上所改的字。

"这次作文的成绩不及过去的那么好。"亦平走到讲台旁边，沉重的语音使学生们都抬起了头。

"第一个题目——'我的写作论'，一大半同学都是做它的，但是最大的缺点是将陈腐的议论当作自己的意见，这原因，因为诸位平日根本没注意到这个问题，於是一见到这题目便将别人的议论来应付，同时又没有参透他的议论，所以作文时常常有模棱两可的话。你们要认清题目上的'我'，处处直抒自己的意见，不可作人云亦云的话。

"第二个题目——'一个孩子的受难'，这题目，不是实在的叙述，乃是根据想象而得来的……"

坐在第一排的沈文突然立了起来："先生，什么叫作'想象'？"

亦平停住了话头，向大众望望："你们知道吗？"

"'想象'就是'理想'。"祖平立了起来，不假思索地答。

"不是'理想'，是'空想'。"王绍其更正他。

"'空想'不就是'理想'吗？例如说：我理想的家庭。这家庭也不是真的，是空想的。"祖平怒目而视地向着绍其。

"那么为什么不说'我空想的家庭'呢？"绍其也不肯示弱。

亦平含笑挥挥手，意思是叫他们别再争论了："让我来解释吧！"他回过身去在黑板上写了'理想''空想'‘思想'‘想象'八个大字。

　　"‘空想'和‘理想'这两个词头是不同的。‘理想'虽然也是空的，但是它要根据事理的。例如‘理想的家庭'一切布置和环境都要依事实为根据的。而‘空想'却是不依事实的幻想。例如我们作一篇天空旅行记，用种种合於天文学科学的结果来假造，这是‘理想'；但是《西游记》上说孙行者一个筋斗会走十万八千里，那完全是‘空想'了。

　　"这是‘空想'与‘理想'的不同。还有‘思想'和‘想象'的不同。

　　"让我再来说明‘理想'和‘想象'的不同吧。‘理想'大都事实的推论，而‘想象'却是推论之后，又加以一种细腻的抒写。同时，‘理想'是指未来或不曾发现的事物或理论，而‘想象'却是透过了作者已往的经验而得来的，它指未来的、过去的，或者空间上的不曾亲自经历到的事物。换句话说，‘理想'乃是以事实做根据，‘想象'却以琐碎的经验为根据。

　　"‘想象'在文艺上占有很重要的位置，因为人世间种种事情，作者未必都能经历到，如果故事是虚构的，那更得依赖想象了。

"想象的定义，依法国批评家F.Bminetiere的说法，'把非直接的感觉作用表现的物象描写於意识的行为和能力（The actor power of presenting to conciousness, objects other than those directing and at that time produced by the action of the sences）'。

"文却司德（C.T.Winchester）更把'想象'分为三种：

"第一种是'创造的想象'，这便是前面所说的根据自己经验而形成的想象。例如唐诗中的：

独在异乡为异客，每逢佳节倍思亲。
遥想兄弟登高处，遍插茱萸少一人。

因为他平日常和兄弟登高插茱萸的，所以便根据这经验来想象异地今年此日的弟兄了。

"第二种'联想的想象'，是用一种事物观念或情绪和情绪上类於此的心象相联结的东西。第三种是'解释的想象'，是觉知精神的价值或意义并以表现这精神的价值所存在的部分或性质去说明事物的意思。——这两种普通小说常常用它，也不必举例了。

"所以想象的优劣，全凭表达的程度而决定。但想象有时也是非事实的空想，如神怪妖魔小说，其中构造故事的手段，便是根据联想再加以空想而来的。

"'一个孩子的受难'这题目，你们当然不会亲眼目睹的。那么，可以虚构一个孩子受苦的情形，这便是想象了。但是你们的想象很有许多和事实不符合的地方。例如有一位同学写孩子的爸爸，因为夜饭没得吃，在深夜出去求乞。写得很动人，可是为什么偏要到深夜人少的时候去求乞呢？这一点应该由他内心的描写来说明，否则便是不合情理了。

"总而言之，即使是想象，也得'自圆其说'的。

"再随便来说明'想象'与'思想'的不同吧！'思想'以每一个单字来说，都是'think'的意思，但是联起来用，意义便不同了。在中国古代，这词头也可作"思念"的解释的，例如曹植的诗里有'仰天长太息，思想怀故乡'的话。但是近来已沿用做心理学上的名词。我们常说起'科学思想''宗教思想''纯洁的思想'，可知思想的意思是就已知的事物加以思考而产生的意识现象。在每一篇文字，作者个人的思想一定要流露出来的，例如你们读过的《娜拉》，这里面并不单纯地抒述一个故事，作者在言外，有'妇女们应力求解放'的意思，这不是他思想的表现吗？屠格涅夫写《罗亭》的会说不会做的人物，正足以代表当时俄国的情形，於是作者暴露了祖国的弱点，想拿来改造它，当然这里面是含有社会主义的思想的。

"就拿俄国的文艺作者的思想来分析吧！托尔斯泰、屠格涅夫和杜夫退益夫斯基的思想是各各不同的。中条百合子曾说：

> 托尔斯泰把社会的矛盾的根源归到人的本能，对於当时俄罗斯解放运动以及在里面奋斗着的人们是冷淡的。屠格涅夫虽然对新的社会现象引起了注意，但也由於受动性，不能知道俄罗斯的新人的价值。

而杜夫退益夫斯基却很有斯拉夫主义者的色彩，是更了解当时人民运动的一个人。你们多读一些他们各人的著作，一定可以了解我的话。

"再拿中国的小说来说，古代作者大都是崇拜君权和佳人才子的思想，英雄主义的色彩是非常浓厚的。而近代的作品，有安那其主义的思想，有社会主义的思想，也有无政府主义的思想①。

"当然文章是我写我口的，那么自己的思想当然应该毫不犹疑地灌输到里面去的。拿别人的议论来当作自己的思想，是多么可羞的事。所以清代的策论，有许多人喜欢做翻案文章，这是不肯随人乱说的表示。例如大家说中国古代书籍的亡佚，秦始皇应该负大部分责任，但是刘大櫆的《焚书辨》里却根据许多证据说秦始皇焚书不过是烧民间的书，政府依旧是保存的，后来项羽入咸阳放了一场火，将硕果仅存的书种烧断根了。这见解是值得注意。如果做这题目，将秦始皇臭骂一场，也不见得如何有趣！"

大家都哄笑起来。春风吹动了李先生的乱发，他在他们眼里，显得是非常可爱可佩的老师。

---

① 原文如此。但请注意，"安那其主义"又译为"无政府主义"。——编者注。

　　"但是，我们作文想不出什么思想，怎么办？"绍其又问。这诚然是他们大家所急于要问的题目，於是教室里起了一阵骚扰，大家七张八嘴地在申述自己"想不出什么"的苦闷。

　　"思想的进展，要多读书，多观察，常常分析自己或别人的心理。但是不读书而专事空想是不会进步的，反而走入了邪路。《论语》上说'吾尝终日不食，以思，无益，不如学也'，也是这个道理。平常没有什么储蓄，一等到要用时难免要觉得'阮囊羞涩'，作文也何尝不如此呢？

　　"这是构成整篇文章的思想问题，但是在你们目前急需研究的却是如何可以使全篇文字的重心不错乱，如何可以'自圆其说'。"

　　他略停了一下，走上讲台去，在纸包里取出一本杂志来，打开了，拿在手里笑容可掬地：

　　"这是香港友人寄给我的，因为里面有一篇妙文，作者也是相当有名的'作家'。这篇文章到处自己打嘴巴，胡说一场，令人看了越看越糊涂。好在文章不长，我念给你们听听。

　　"题目是'新写实主义的文学的艺术的理论'。

　　"这题目便有问题了。这却不去论它，还是欣赏他的本文吧!

　　　在现代是新写实主义的时代了。

　　　高尔基是俄国现在写作界中的巨匠，他所标示的新写实主义是值得我们提倡的。它，在浪漫主义和写实主义两者的潮流的澎湃中开出鲜艳的奇葩，所以这是最合乎艺术的条件的写作方式之一种。

　　　但是新写实主义并不是高氏新创的，几千年前它已在萌芽了，不过到现在才有人去供奉它，利用它。其实写作应该和事实相接近，要一丝一毫不苟且地来描摹世界上一切静物与动物，所以写实并不是艺术，乃是人生本能的一种。我们现代创作，全凭想象来构造事实，这完全是受了新写实主义的影响的。这自然是社会进化到艺术之路的现象，也是世界欣欣向荣的表现。

　　　如果有人怀疑新写实主义和社会主义制度的国家有密切的关系的，这是极端的误解。文学创作的方法、手段和地域、民族性是没有关系的，况且中国的地域、民族性和苏联的有很相近似的地方，所以也可以应用它，而且应用它也是非常适宜的事。中国几千年来文艺已渐渐走入於光明的路途，以前大家只知道步人后尘，法国在盛行写实，中国也跟着叫写实。但是近年来，中国文艺也已有了极大的发展，在这成长中的现代中国文艺，当然应走上这新写实主义之路。……

下面还有不少，我不必再读了，诸位认为这篇文字上有文法的错误吗？"

大家沉默一下，章明毅然立了起来："没有。"

"没有。但是这篇文章的中心思想是什么？"亦平问。

"大概是说新写实主义的好处。"章明答。

"但是他的文章里面却不曾将新写实主义的内容分析过，同时他的理论也是很肤浅的。这里面的矛盾很多。他起先说新写实主义是高尔基标示的，后来又说它在几千年前已萌芽了。前面说它是最合乎艺术条件的东西，后来又说它不是艺术；前面说是从写实主义中流变出来的，而后来又说要一毫不苟地描摹世间的一切，这不是和写实主义没分别了吗？同时又说，它要凭想象来虚构事实，这不是和上句又冲突了？

"第二段起初说文学的创制和地域、时代、民族性没有关系，而后面又说中国和苏联的一切环境相似，正可以用它，岂非又自相矛盾？既然认为中国学法国的写实主义不好，为什么他又提议学俄国新写实主义呢？

"下面还有更多的笑话，你们有空可以自己来拿去看看。当初有朋友来信告诉我关于这文章的趣句，我还不大相信，说他故意形容，於是他立刻寄来给我，原来是真的。这文章只好用《镜花缘》上的'渔阳三挝'来做评语了——'渔阳三挝'是'不通''不通'又'不通'！"

大家又笑了起来。

"记得从前有一位先生批评一篇思路不清的文章说：'是否文理欠通，抑系神经有病？'这种文章，岂非文理不通，而且神经有病了。所以且慢研究整篇文章思想的是否前进，是否准确，先得将整篇文章的思想联络起来。你们的文章中也有这种毛病：前面说是春天，而后面在写秋天的风景；前面说是雨天，后面又在写晴天的气候了。无论抒情、记述、描写和议论，都容易犯着这种病，不过他的文章特别容易发觉错误罢了。你们自己反省一下吧！

"要免除这毛病，最好在作文时先写大纲。写大纲并不是表示自己能力的不足，写好大纲，每段便有一个中心思想，是否矛盾或者理由不充足，便可以知道了。同时作文最好先起稿子，自己尽量修改，修改时应注意几个问题。"

他在黑板上写了：

（1）有没有文法上的错误？

（2）用字用词是否最适当？

　　　造句的句调是否太板滞？

（3）有没有矛盾的地方？

　　　有没有理由不充足的地方？

（4）繁简是否适当？我该省略哪一部分？

（5）开头和结尾有没有觉得太软弱些？

　　"要字面上和思想上合作起来，自己检查一下，再修改了，再由我来替你们修改，这进步一定是很大的，因为你们现在是习作，不但我负修改的责任，你们自己也得负一部分修改的责任的。"

　　虽然在春天，已经有黄梅时节的天气了。中午，炎热溜进了屋子，孩子们闷得在喘气，有的同学已经穿上了新的白衬衫了。但是没多久，又渐渐地变成了阴霾的天气，风也更大了些。淡淡的阳光忽隐忽现地探进来，显出留恋的样子。

　　"第一个钟点快过去了，一点钟作文是来不及的，下点钟依旧讲书吧。——我相信这个钟头的讨论，要比讲书有益处得多呢！"李先生在钟声里扑扑袖口上的灰，很喜悦地。

第三十四章　话旧

是五月初的时候，天气燠热得很，李宅的屋子里突然热闹起来。

星期六的上午，亦平学校里没有课，在家里伏着桌子写稿。外面刮着大风，从窗缝里泻进来，吹起了烟盆里的灰。亦平一只手按住桌上的稿纸，一只手继续不断地写着。

房门口拥进四个人来，是一对夫妇和两个孩子，亦平惊讶地立了起来：

"伯鸿，怎么你会到上海来的？"

他热烈地丢了笔握住那男子的手，一面又在招呼这女人，感叹地：

"三年不见了！"

他们坐好之后，那女人拉过两个孩子来：

"舜儿，蓉儿，来叫表叔和表婶。"

这一对活泼的孩子都长得很漂亮，舜儿比铁儿大两岁，比较懂事些，他很规矩地向亦平和韦玉鞠鞠躬，又握握铁儿的手。蓉儿不过五岁光景，她向屋子四周打量一下，羞涩地躲在她妈妈身边。

伯鸿已将近四十岁了，矮矮的个子，额头上满生许多皱纹，大概这是生活的手所刻成的创痕。在西南，他住了三年多，在他的语音语调里还保存着些微苏州的土音。

外边车夫搬上行李来——两个铺盖和三只大小不同的箱子。

韦玉指挥他们安排定当之后，便忙着抓东西给舜儿和蓉儿吃。一张小小的方凳变成他们几个孩子临时的餐桌了，伯鸿的妻子福英含着笑对亦平：

"他们已经熟悉了呢！"

"到上海来我自己也不知道。公司里在浙江温州新创了一个办事处，他们要我去做主任，同时内地生活程度也太高了，不容易养活这一家，所以我便毅然决然地走了。三年来一无所获，只是玩了几个地方。"

　　孙伯鸿在苏州是比较有钱的人，他老是喜欢跑地方。抗战以后，从苏州流亡到内地，在重庆住了三年。大概又是久静思动了，再从内地到上海来。

　　他絮絮地告诉亦平巫峡的险要，峨眉的踏雪，和嘉定凌云山的大佛的巍大。最后他知道亦平近来很窘，慷慨地愿意帮他些忙。

　　但是亦平却毅然拒绝了，他说他现在还可勉强养活自己，上海在现代本来正可以在商业上攫取些极大的利益的，也有许多朋友愿为他帮忙，然而他却不愿做。——生活虽然困难，但是自己的心却是安的。

　　伯鸿素来对亦平怀着好感，也很钦佩他的学识的，同时也向来明白他的性情。他听了亦平的话以后，苦笑地：

　　"你的思想是对的。"

　　福英也在申诉着她的苦恼：

　　"自从老家失陷以后，跟他东跑西走，在路上吃了许多苦，还有这两个孩子，在路上一天到晚生病，那真受不了。到了重庆，以为可以安定些日子了，但是东西一天天地贵起来，要吃的没得吃，要穿的没得穿。回想从前在苏州的时候，正是仙人一样呢！"她是一个会享乐的人，所以她对於上海始终怀着好感的。

亦平对於他表兄伯鸿的到来，是表示十二分的欣慰的，但是他却感到一种忧郁，一种回忆的痛苦。他迷恋着家，痛苦的回忆又来咬痛他的心。

"故乡的情形怎样？"伯鸿问。

"天知道！"

亦平对於这问话，努力地来闪躲，他怕这会使他伤心。其实上海也不是他愿住的地方，当福英絮絮地赞美上海的物质文明时，他又感到了心的刺痛。

"浙东怎么样呢？你知道吗？"伯鸿又问。

"浙东，刚才有一个朋友从浙东来，说是那边没有什么，不过轰炸得厉害。"亦平答。

"我想在上海耽搁几天，独自到浙东去看看，再来接孩子们。让他们在这儿挤一挤怎么样？"

"没有问题。"

但是福英却表示反对，她再也不愿回内地去，她大声地：

"你替我们在上海找一间房子，我们不要再到内地去了！"

"这用不着你管！"伯鸿不客气地对他的妻子。

伯鸿像有什么话要说似的，但又吞下去了。四周是静默的，只有几个孩子们扰攘的声音。

中午，韦玉添了些菜请伯鸿夫妇们吃。下午韦玉又带了铁儿伴福英和两个孩子去看戏去，留着亦平和伯鸿两个看家。

她们走了以后，伯鸿好像又回复到十年以前的样子。

"亦平，想不到我已经四十岁了！你还记得以前我们还在念书，有一次你到我家来，我们在深夜里谈得口渴了，爬到窗子外面去接屋檐上流下来的雨吃。那时候，你是多么健谈的一个人，可是现在却变得这样沉默了。"他在回忆着已往的美丽的梦。

"……"

"福英，你看她是那么孩子气，只知道享乐。结了婚，麻烦便来了，又多了两个孩子。如果我是单身，我真不愿再回到上海来了。"他看看四周，像有无限的忧郁。

"这是没办法的！"亦平叹了一口气，"在这时代，还是吃点苦。你比我有钱，因此，她也忘不了享乐。"

"你在上海还安心吗？"伯鸿很关切地。

"心里闷得慌。物质的困苦我们倒受得住，可是触目是可以使人失望的情形，精神上很觉得有些难受。"亦平向他诉苦，摸摸自己的下颚。

"我想，内地这种情形总比较好一点。亦平，我希望你能够同我到浙东去。我们公司里可以特设出版科，这种文化事业我想你也愿意干的。"伯鸿睁着眼等他的回答。

"到内地去也好，可是现在我……"

"怎么样？"伯鸿用着疑惑的眼光注视他。

"我想，在这儿，教书也没有多大意思，可是一班孩子们却是非常有趣的。"亦平嗫嚅地。

"那到暑假以后也不要紧。不过我很希望你能同我去，一方面你可以指导我一些事，同时，福英看了韦玉的榜样，一定也肯吃一点苦的。——上海，不是我们住的地方。"

亦平心里感到有些徘徊，他默默地在房子里走了几个圈子，又在无意中看看伯鸿的脸。这时候，伯鸿也在注视着他。他又默默地走到窗前，凝视着墙根初红的蔷薇。

天色渐渐晚了，伯鸿要求亦平同到外去面吃夜饭。他预备和亦平到旅馆里去宿几夜，这屋子里睡不了这许多人。

亦平慨然答应了。他匆匆地将稿子整理了一下，又留着一张条子给韦玉，叫她明天早上将这册杂志去付排，便锁了门，和伯鸿走了。

初夏的傍晚，马路上已不再那么炎热了，虽然已到了五点多钟，而天时却还不曾昏黑。伯鸿在路上东张西望，像遇见了一个多年不见的老友，在审视他的面貌。

他们走进了菜馆，在电灯闪耀的时候出来，又乘了车子，到一家较大的旅馆里。

一间小小的屋子里摆着非常简单的陈设，房子顶上有一块很大的毛玻璃，全室的光亮是从这玻璃上面射下来的。屋的东面装置了一只无线电，壁上有几盏壁灯，是淡蓝色的，衬着深黄色的墙壁，再加上花的窗幔，似乎觉得太华丽些。他们坐在靠窗的两张沙发上，伯鸿正在开手里的那一听白金龙，地下乱堆着报纸。

亦平心里有些感到不安，在以前他在上海也经过放浪的生活，几乎夜夜住在旅馆里，天天下午上电影院。

但是近年来，不知怎样，自己变成了一个神经质的人。这华丽的环境，会使他发生莫名其妙的不安与心悸。

他无聊地拾起报纸来看看，又无聊地放下了。立起来，推开了窗，外边正是几家大公司矗立着的屋顶。

伯鸿给他一根烟，又替他点了火，他含笑向他点点头，表示谢意。

"亦平，我们再来重演年轻时的旧戏吧。我知道你生活的困难，使你变成这样的一个人。别再沉默了，这种忧郁性的思想，会使你不康健起来。同时，你不会努力地干些应做而目前急需的事吗？单是忧郁又有什么用处？"伯鸿滔滔地，像看透了亦平的心情。

"伯鸿，"是一种感动的语调，"是的，谢谢你，我应该振作起来，但是生活迫人太厉害了。一天忙到晚，一夜忙到天亮，将自己的生命当作了生活的食粮。我的勇气，完全在许多孩子们身上，他们的天真和努力实在使我感动，每次我在苦恼里，见到他们可爱的面容，我已枯萎了的灵魂会复活起来，将我成日来所受的苦恼完全扑灭了。上海，我也明知道不是应该留恋的，但是我却舍不得离开它，好像亲手种了一粒种子，总希

望看着它长大起来，开出美丽的奇葩。我便给这一丝希
望引诱住了，几次有机会到内地去，终於不顾一切地逗
留在这里。同时，我引导这些孩子们，也并非不是对祖
国没利益的事。"他滔滔地说了许多，看看伯鸿睁着的
大眼。

"哦，这就是你刚才踌躇的原因了。但是你不曾想
到内地也有许多人吗？"伯鸿在反问他。

亦平又沉默起来，他内心发现一种矛盾，一种争执。
他想，如果他走了，这些孩子们也许会感到很大的失望
的。同时，上海，他厌恶它，伯鸿的邀请，他是乐意接
受的，但是这一批孩子们的心，却使他又感到犹疑了。

伯鸿又絮絮地告诉他公司里的一切计划和几个职位
的分配，最后，他决定地说：

"亦平，你自己郑重地考虑一下。我终替你保留这
位子，但是我始终是希望你到内地去的。那边有许多工
作正在等我们去做呢！"

亦平点点头：

"让我再想想，再和韦玉讨论一回吧。或者你从浙
东回来之后，我再决定了答复你，好不好？"

　　他们又谈了些关于个人生活情形的报告。

　　夜深了，隔壁的女人的狂笑声和细碎雀牌的声音扰乱了他们。一个浓妆的女子推门进来，亦平厌恶地挥挥手，她又走出去了。接着门外是几声皮鞋的响声，又是一阵男人和女人格格的笑声。

　　伯鸿关了无线电。为了使自己安心些，他们两个闭着眼，含着纸烟，陷入於半睡的状态。室内的钟正打着十二下。

　　门又开了，走进一个中年妇人，她的衣服很褴褛，脸色也很苍白，一进门便跪在他们的脚下。

　　"老爷们，救救我吧！我是从南市出来的。"

　　他们吃了一惊，亦平以不愉快的眼色看看伯鸿，伯鸿依旧闭上了眼。那妇人唠叨地说了许多。伯鸿又张开眼来，轻轻地：

　　"给她？"朝亦平看看。

　　"我根本不愿意做表面的不彻底的慈善事业。"

　　但是伯鸿终於给了她一张一元的纸币。

　　茶房进来了，带着凶毒的脸色，"啪"的一声打在这女人的脸上。毫无声息地，她走了。

"先生，这女人本来是贩白面的，落了风。"

他转身也扬长地走了。

伯鸿叹了一口气："上海正是一个神秘的地方！"

平日，除到校里以外，亦平是不常出门的，这大都市的阴暗面他知道得并不多。有的，是朋友们带给他的带有故事性的宣传。在这旅店里，无疑是这大都会阴暗面暴露的地方，这，与他的不快意的印象更深了。

夜更深了，他们静静地上床去，熄灭了灯火。

亦平将自己陷在沉思中了，他的思潮怒吼着，无目的地在奔腾着，隔壁笑语的声音也低了下去，变成猥亵的声息。他更心悸起来。他怀念着家，又怀念这些孩子们。

他抬头向四周望望，完全是漆黑的，在这黑黢黢的环境中，似乎有巨魔正张着嘴要吞噬他。他有些窒息，又有些恐怖。现在他想到——应该离开上海了。

"你还是同我去吧！"

是伯鸿的声音。他叫了一叫，可是没有回答。那分明是伯鸿的梦呓，因此，他了解伯鸿的邀请是出於诚意的，这虽然是梦呓，但却使亦平感动了。

上海的夜并不是寂寞的，而是罪恶的可怖的世界。

在这最热闹的场合里，也正蕴藏着许多人类的悲哀。你听，先前不是狂欢和极乐吗？夜深了以后，窗外却传进来呻吟的声息和低位的使人难堪的调子——在一种人狂欢的时候，另一种人却在毁灭自己的生命了。

亦平也懂得自己已将变成这都会里的渣滓，这种悲吟的生活，终有一天会降归到自己身上来的；因为他还有热心和热血；他怜悯着人类，而人类却不肯同情他。在这动荡的时代中，亦平自己没有辜负过祖国，然而他的生活是这样的艰苦。

外边车声又响起来，窗子里透进黎明的曙光。夜，罪恶的夜已经消失了。亦平在床上伸了一个呵欠，自言自语地：

"我应该离开这里了。"

第三十五章　文章的动态和静境

　　星期一早晨第一课便是国文。那天清晨，当章明和祖平走进校门的时候，门房交给他们一封信。信面上写着"送宏文中学章明陈祖平君转交秋二同学公启"。字迹很潦草，他们怀着惊诧的心情，走进教室去。

　　这时候，教室里只有他们两个，外面也是静静的。他们在靠南的窗沿上，拆读了李亦平先生的来信：

　　"秋二同学：

　　"前天受了些寒，又失眠了一夜，今天身上发热，你们的两点钟国文，只能告假了。

　　"但是我上星期五答应你们在今天讲述文章的'动态'和'静境'的，你们一定怀着热烈的希望在期待着吧。为了不使你们失望，为了要实行我的诺言起见，我口授妻子写这封信给你们，希望各个同学能够深切地了解这些话。

"文章的'动态'和'静境'的分别，记得上次已约略地说过了，再来重述一下吧。让我先引用梁任公的话来解释：'记静态之文，以记空间关系为主，记时间关系为辅；记动态之文，以记时间为主，记空间为辅。'

"他是指写作文章时所应注意的项目而言的。我们再来分析一下，所谓'动'，实在就是'动作'；所谓'静'，就是心理的描写和静物的刻画。动作的记述和时间有关系，静物的描写和空间有关系。举两个例，便更容易明白了。

　　行次灵石旅舍，既设床，炉中烹肉且熟，张氏以发委地，立梳床前。公方刷马，忽有一人，中形，赤髯如虬，乘蹇驴而来。投革囊於炉前，取枕欹卧，看张梳头。公怒甚，未决，犹刷马。张熟视其面，一手握发，一手映身摇示公，令勿怒。急急梳头毕，敛衽前问其姓。

　　　　　　　　　　　　　　　　（《虬髯客传》）

这一段文字内连续地写出他们各种动作者，动作的前后便是与时间有关系了。又如：

> 其中重洲、小溪、澄潭、浅渚，间厕曲折，平者深黑，峻者沸白；舟行若穷，忽又无际。有小山出水中，山皆美石，石上生青丛，冬夏常蔚然。其旁多岩洞，其下多白砾。其树多枫楠、石楠、楩、楮、樟、柚。草则兰芷，又有异卉，类合欢而蔓生，水石。

> （《永州八记》）

这完全是静境的描写了。这和空间是很有关系的。

"'动态'和'静境'之不同说明了以后，便可以分别说明它的用法及趣味了。先说'文章的动态'。

"文章的动态，并不是单纯写述动作的，仔细分析起来，可以分（1）静中之动和（2）动中之动两种。静中之动，如写风景中的一刹那的变幻，《永州八记》中又有一段写着：

每风自四山而下，振动大木，掩苒众草，纷红骇绿，蓊葧香气，冲涛旋濑，退贮溪谷，摇扬葳蕤。

这是写静物的动态了。动中之动，是写一件动作中的经过，完全是动的描写。例如你们念过的《钱烈女墓志铭》中的那几句：

兵入，以戈刺床下，数刺，数抵其隙。

小至於一些细微的动作，大而至於写几年几十年的战争，都是如此。又如‘两条黑影闪进了对面的屋子’与其说是 ‘动态’，毋宁说它是静中之动，因为本来写的是静物，而加以这静物的动作，和第二段《永州八记》的例是一样的。

　　"文章的动态再仔细分起来，可以分成两大类，这是写作技巧上的各异：一是连续的动态，二是不连续的动态。但是，动作的写述都是连续的，所谓不连续者，乃是几个动作的相互间并没有迫切的时间关系而已。例如荆轲刺秦王的一节，司马迁写得很紧张，因为在这迫切的时间内，非连续的动作不足以表示当时紧张的情形。他说：

> 轲既取图奏之，秦王发图，图穷而匕首现。因左手把秦王之袖，而右手持匕首揕之。未至身，秦王惊，自引而起，袖绝。拔剑，剑长，探其室。时惶急，剑坚，故不可立拔。荆轲逐秦王，秦王环柱而走，群臣皆愕……是时侍医夏无且以其所奉药囊提荆，秦王方环柱走，卒惶急不知所为。左右乃曰："王负剑。"负剑，遂拔以击荆轲，断其左股，荆轲废，乃引其匕首以揕秦王，不中，中铜柱。

这文章，使读者脑子里有连续的印象，他这故事是有连带的关系的。但是它能使读者有连续的印象者，完全在乎几个要紧的地方，将重要的字或词重复地再述一下，如'秦王发图'和'图穷而匕首现'，又如'拔剑'和'剑长'，又如'秦王环柱而走'和下面的'秦王方环柱走'，又如'王负剑'和'负剑'，又如'不中'和'中铜柱'，都是使读者有浓厚的连续的意味的。又如

《史记》之述项羽的败退，陷於大泽的情形：

> 项王至阴陵，迷失道，问一田夫，田夫给曰：
> "左。"左，乃陷大泽中。

这里两个'左'字又是重叠的。

"连续的动作既和时间有密切的关系，所以有时候，往往点出时间的短促来增加它的连续性。例如辛弃疾的：'试把花卜归期，才簪又重数。'

"所以'奄忽''转瞬''忽而'等词语常常在写连续动作的文章中见到。

"不连续的动作刚说过，不过是连续动作的较长久的时间的描写，并不是两个动作完全没有关系的，所以它的写法大致和连续动态相同，不过上述两种，单是用於连续动作的。不连续动态又可以分作两种：

"一是时间相差较远的连续动态，如：

> 见渔人，乃大惊，问所从来，具答之。……村中闻有此人，咸来问讯。……此人一一为具言，所

闻皆叹惋。余人各复延至家皆出酒食。……既出，
得其船，便扶向路，处处志之。

（《桃花源记》）

这便不是密切的连续动态了，但是却有时间的次序的。

"二是琐碎的动作的写述，例如：

孺人之吴家桥则治木棉，入城则缉纑，灯火荧
荧，每至夜分……孺人不忧米盐，乃劳苦若不谋夕。
冬月炉火炭屑，使婢子为团，累累暴阶下。……儿
女大者攀衣，小者乳抱，手中纫缀不辍。

（《先妣事略》）

这不过是零碎片段的记述，将次序倒乱也未始不可以，
但是所写的绝不是静境。其实，这动态已是近乎静境了。
所以我们可以肯定地说，动态一定和时间有关系的。

"因此，写动态我们可以再举出几个原作来。一是
用短句来表示时间的急促或动作的连续性的。例如《史
记》上的：

> 桓公与夫人蔡姬戏船中。蔡姬习水，荡公，公
> 惧，止之，不止。出船，怒，归蔡姬，弗绝；蔡人
> 亦怒，嫁其女。

这好像是几张各自为政的干片，合并起来，便成一册有
趣的故事画了。如果不用短句来表示，那么便竭力经济
地节省动词，将句式造成'Compound sentence'，这
理由和用短句来表示是一样的。例如《左传》上的：

> 齐侯游於姑棼，遂田於贝丘。见大豕，从者
> 曰："公子彭生也。"公怒曰："彭生敢见？"
> 射之，豕人立而啼。公惧，坠於车，伤足，丧屦。
> 反诛屦於徒人费，弗得，鞭之见血。走出，遇贼於
> 门，劫而束之，费曰："我奚御哉？"袒而示之
> 背，信之。费请先入，伏公而出斗，死於门中。

便兼用短句和复句了。其中'立而啼''劫而束
之''袒而示之背''伏公而出斗'等等都是节省句法
的手段。它的效用和短句原来是一样的。

"写静中之动，常常用形容词或副词来表达出来，例如《夜渡两关记》中的'适有大星，光煜煜自东西流'虽然有'流'字写出动作来，但加以'煜煜'两字，便更加具体而动人了。叶梦得《石林诗话》里有一节说得更有理：

　　唐人记"水田飞白鹭，夏木啭黄鹂"为李嘉佑诗，王摩诘窃取之，非也。此两句好处，正在添"漠漠""阴阴"四字。此乃摩诘为嘉佑点化，以自见其妙；如李光弼将郭子仪等一号令之，精彩百倍。不然如嘉佑本句，但是咏景耳，人皆可到。

"由此我们可以知道形容词的效用可使文章中的动态更其活泼，更其具体。

"这是写动态的文章应该注意的地方。再讲文章的静境吧。

"文章的静境也可以分作（1）动中之静和（2）静中之静两种。动中之静是描写静物的动态的，例如龚自珍的《记王隐君》的末尾：

桥外大小两树依倚立，一杏，一乌柏。

这便是静中有动了。又如唐诗里的：

天阶夜色凉如水，坐看牵牛织女星！

明明是写人的动作，而这动作中有很浓厚的静的意味。静中之静，我们常常见到，例如：

平陵漠漠烟如织，寒山一带伤心碧。

这便是写静物的静态了。

"无论哪一种静态的描写，有两项值得注意的：

"一是将作者的感情浓厚地注入於事物之中。这种写法，常常用人类用的性状形容词或动词加到静物身上去，便可以使静境格外有趣味，否则老实实地但写一草一木，便容易枯燥乏味了。例如《核工记》记中：

山坳插一城，雉历历可数。

其中的'插'字很有趣味。所以诗中常常研究到'点眼'便是将'形容词'和'动词'的安置加以考虑。例如'渡头余落日，墟里上孤烟'中的'余'字和'上'字，与'潮平两岸阔，风正一帆紧'中的'两'字和'一'字，都可以使静境更具体。又如词上的'数峰清苦，商略黄昏雨'中的'清苦'和'商略'，都是同样的例。这在修辞上已到了很高的境界。但是最普通的，只是加上'如''似''若'等字，直接说出是已加上了人类的感情。例如《秋声赋》里的：

　　但闻四壁虫声唧唧，如助予之叹息。

　　"二是将静物有类似的性质的排列在一起，可以衬托出作者当时的情绪。这又可以分作两种：一种用以反衬，一种用以正衬。反衬是想说寂寞故意先说热闹，想说可悲的情调先说已往是如何的快乐。正衬乃是将当时可悲的环境直接抒写出来。举一个例吧。《项脊轩记》你们已经念过的，它起先说的项脊轩的环境多么有趣：

　　三五之夜，月明半墙，桂影斑驳，风移影动，姗姗可爱。

而下面却说：

　　东犬西吠，客逾庖而宴，鸡栖於庭。

最后他又说'室坏不修'，再说到几件可悲的事，情形益发凄惨了。这是反衬的例子。又如王播的两首诗也都是反衬的好例。

　　"正衬在文章描写的技巧上说来，却不及前一种。例如荆轲出发去刺秦王的时候，唱诗道：

　　风萧萧兮易水寒，壮士一去兮不复还。

上面的那一句'风萧萧兮易水寒'可以加强壮士出发时悲慨的情形。所以这是正衬。因为每一件事物，它往往会给人们以一种可悲或可喜的印象的，例如'血'就会使人有恐怖的意味，'白'使人有洁白的意味。因此以

'萧萧'形容'风'，以'寒'形容'水'便有凄凉悲慨的情绪了；再写出下面的正文，自然会使人有更具体的概念了。

　　"静境的描画，大抵是用以做背景用，拿来增加作者的情感的。好比一幅画，背景占着很重要的位置，同时，人们因为心理上的变化，往往主观地对於一切环境有黏染的作用。范仲淹在《岳阳楼记》上说：

　　　　若夫淫雨霏霏，连日不开，阴风怒号，浊浪排空，日星隐耀，山岳潜形，商旅不行，樯倾楫摧。薄暮冥冥，虎啸猿啼。登斯楼也，则有去国怀乡，忧谗畏讥，满目萧然，感极而悲者矣。

　　　　至若春和景明，波涛不惊，上下天光，一碧万顷。沙鸥翔集，锦鳞游泳。岸芷汀兰，郁郁青青。而或长烟一空，皓月千星，浮光耀金，静影沉璧，渔歌互答，此乐何极。登斯楼也，则有心旷神怡，宠辱皆忘，把酒临风，其喜洋洋者矣。

这是实在的情形。

"写静境时应该注意的是不可呆板地、单纯地抒写一切环境，这对於你的感情的抒发是没有帮助的。又该注意到不可和你所要抒发的思想矛盾，反而使你的文章不明白。

"梁任公将记静境的文章分作三种，我姑且抄了下来，也可以作为参考。

（1）记已完成的事物。

（2）记在一段落之间，其状态比较的固定的事物——其事尚在未定之天，不过各部分已发达到某程度。如化学实验将氢氧二气①在玻璃管中合而成水，便是此类。

（3）在前后事物中，抽出中间一段，看其一刹那间的静态——记静态之文如绘画或雕刻，画像的不能画出人一生自小至老的形状，只能画出其人某时间的形状；画山水的在朝晖夕阴气象万千中，也只能画出一部分的景象。雕刻也是如此，只

---

① 原书为"轻养二气"。——编者注。

能将一时间的状态表出。

"但是我们不必拘泥於静境、动态的区别，文章里绝不单是静境而没有动态或单是动态而没有静境的，互相调剂才有好处。随便拿《老残游记》中的一节来研究它的静境和动态吧：

> 到了铁公祠前，朝南一望（动），只见对面千佛山上，梵宇僧楼与那苍松翠柏高下相间，红的火红，白的雪白，青的靛青，绿的碧绿。更有那一株半株的丹枫夹在里面，仿佛宋人赵千里的一幅大画，做了一架数十里长的屏风（静）。正叹赏不绝，忽听一声渔唱，低头看去（动），谁知那明湖业已澄净得同镜子一般。那千佛山的倒影映在湖里，显得明明白白。那楼台树木格外光彩，觉得比上次的千佛山还要好看，还要清楚（静）。

乃是静动互用的，这样当然更有趣味——事实上也不得不如此。你们作文知道这些，一定很有帮助的。

　　"我的病得休养三四天，但对於身体是没有多大妨碍的，也许会使你们惦记。李亦平。"

　　祖平和章明念完了这信，用图画钉一张张地将它贴到墙上去，恰巧占据了本来贴壁报的位置。

第三十六章　翻译、批评及其他

散课以后，教室里起了一阵骚动，但不久又寂静下去了。王绍其、祖平和章明一同出来，跟着亦平走去。

这是李先生病好以后第一次上课。怀着兴奋的心，这三个青年注视着他瘦长的背影向前走去，他们似乎被这背影吸引住了，一直向前走，走到教员休息室的门口。

亦平发觉背后的三个，回过来含着微笑向他们点点头。

"李先生的脸色还不大好呢。"

"唔！"一面说，他一面放下了点名册，从校役手里接过面巾来，拭干了汗，"上次信里的话，你们都明白了吗？"

他们围住了亦平，絮絮地告诉他这几天学校里的情形。

休息室里地方很小，墙上挂遍了植物和生理的挂图。电灯在白天也开着，这里没有人，四周很寂静。

"我们到图书馆去！"祖平看看李先生的脸，似乎希望他能够同去。

四个人默默地走出休息室来向西走去。楼下第三间平屋里便是图书馆了。当亦平再经过那葡萄棚下的时候，他依恋地注视着这重新又绿了的叶子。

宏文中学图书馆也没有多少书本，所以来看书的同学也很少。在上海，读书的风气很衰落，学生们与其在图书馆里读书，宁愿到舞厅或大公司里去游逛的。尤其是礼拜六，这里除了管理员以外，一个人也没有。

"这里很凄凉呢！"祖平有些讽刺的口吻。

"这样，喜欢读书的人更可以静静地自己用功了。"亦平矫正他的思想。

他们各自占据一个位置，在披阅着。章明找出一本杂志来，题名是"摩登"两个字。他拿去给李先生瞧："多么不愉快的书名！"

"但是上海的太太小姐们却正喜欢这种名称呢！他们和《日出》里的顾八奶奶的口吻一样，这在她们正是二十分文雅的新名词哩！"祖平忍不住插嘴了。

"这完全由於这名词的来历不大妥当的缘故。"李先生替他们解释。

"李先生，我曾在《辞源》上查过这个名词，但是找不到。如果这是出在古书上的，那么《辞源》里不至於会没有。为什么将它解释作'漂亮'呢？"王绍其有些笨头笨脑地。

"'漂亮'这名词是有来历的，《说文》'水中系絮曰漂'，'漂亮'是将絮漂得亮些的意思，和俗语的'出风头'的意思是相同的。但是'摩登'两个字却不是古语，是从外国输入的时髦东西。它的原文是'Modern'，是'现代化''近代化'的意思；它完全是音译，当初行出来的时候，大家都不明白，后来才恍然大悟！"

"哦！——其实这种完全依照音译的方法是不大妥当的。既然中文有'现代化''近代化''时髦''时式'的名词，何必再用音译呢？"章明表示这种翻译有些不大妥当。

"这种翻译的方法，在洋化的大都市里当然容易流行的，他们住的是洋房，吃的是大菜，於是讲的当然也是洋话。还有一种只能住半中半西的房子，吃些西菜式的中菜，於是也只好说所谓'洋泾浜'，在中文里夹几个洋字了。记得在什么杂志上记载一个工人对英国人的谈话，他指指黄浦江中的大轮船说：'The ships have one eye and two legs. No eyes how can see? No legs how can walk？'但是英国人却懂得他的话的。这种'Chinese English'在上海非常流行，因此'Modern'的译为'摩登'便毫不足怪了。又如'Husband'的译作'黑漆板凳'，中国人在说笑话的时候也常常用它。日本人称苍蝇为'一匹'原是习惯上的不同，但是有许多作家也将它用在文章里了，这在中国人看来，总难免有些不合意。文言文尚且不合於时用，何况习惯更不同的民族的词语呢？最奇怪的，'沙发'两个字，在现在已尽人皆知了，并且知道这名词的人，也一定写这两个字，不写别的——'晒发'或'赊法'，但是依中国本来的解释，'Sofa'最妥当的译名是'弹簧椅子'，但是用之既久，便没人再提出反对了。"

"我想最好只音译那些中国文中没有适当的代语的

名词。"祖平参加了他的意见。

"我想这完全是习惯不习惯的问题，习惯了便不觉其诧异。例如，'德谟克拉西'（Democracy）本来也可以译作'民主政体'的，'烟司批里纯'（Inspiration）本来也可译作'灵感'的，'逻辑'（Logic）本来可以译作'论理学'的；又如梵语的'浮屠'本来也可以翻译作'宝塔''佛'，'沙门''桑门'本来也可以译作'和尚'，'檀越'本来也可以译作'施主'……但是习惯了，便不觉其奇突，而一批求雅的文人，反而不称'和尚'而称'檀越'了。"

"但是'德谟克拉西'也有人写'代谟刻拉西'，这不是使人越看越糊涂吗？"章明问。

"所以教育部近来在做统一译名的工作，当现代和西洋文化接触的时候，这一点是很紧要的工作。"亦平睁睁大眼笑眯眯地告诉他们。

"我终觉得'直译'不如'意译'来得妥当些，因为译文是给中国人看的，要适合中国人的脾胃，否则'隔靴搔痒'，也是没有用处的。"这是祖平的议论。

"所谓'直译'和'意译'，它们的分寸很难定的。'意译'得林琴南译《茶花女》的程度，固然也超出范围，而将'Lying on back'译作'躺在背上'也未免太直。至於名词的翻译，'几何学'将原文的尾巴轧去，为了想'音''义'并长，结果正和将'沙士比亚'①译成'叶士璧'的手法并没有两样。总之，先得彻底了解原文的意义和音读，及上下文句子的语气，再将它译成最适当的中国化的句子，不必管它'直译''意译''硬译''死译'等等名词的。近来翻译界上已有了极大的改革，许多外国名作家，他们的作品，在以前一般人认为索然无味的，现在已重译了，读起来很使人感到兴趣。我最近曾为《文艺》译出托尔斯泰的《黑暗之力》（The Power of Darkness），你们之中有比较会读英文的，可以将英译本来对照了看一看的。"他依旧低了头在检寻他所要找的杂志。

"章明，我想买一本《高尔基评传》，现在却买不到。"祖平转了话头。

"这种批评的东西有什么好看？"王绍其反对他。

---

① 今译"莎士比亚"。——编者注。

　　"我想，批评是一件有趣的工作，所谓'冷眼旁观'一定比自己解剖来得正确。李先生，对不对？"祖平又来麻烦李先生了。他——亦平——在这大批青年中，好像一个母亲，孩子们畏惧他，同时又需要他，亲热他。

　　"怎么？又要和我来批评了？"但是亦平的脸色却非常和乐，"让我就我所知道的来告诉你们吧。所谓批评，在现代已成功一门独立的学科了。据司各脱（Scott）[1]说，有四[2]种意义：一是'吹毛求疵'（Fault-finding），二是赞扬（To praise），三是判断（To judge），四是赏鉴（To appreciate）。依据他的方法来说：（1）分为主观的批评和客观的批评两种；（2）分为因习的批评与近代的批评两种；（3）分为裁断的批评与归纳的批评两种。

　　"主观与客观之分是指批评的态度而言的，这两种是对立的名词。'客观批评'是得找一个一定的准则，

---

[1]　今译斯科特。——编者注。

[2]　此处原为"五"，根据后面内容改为"四"。——编者注。

而'主观批评'却全凭批评者的主观的。所以'主观批评'完全表现这批评家的人格和敏感的，这又叫作'内容的批评''印象的批评'；'客观的批评'又叫作'形式的批评'或'标准的批评'。

　　"裁断的批评，是批评者用裁判的态度来决定作品的价值的，这种批评的态度，以为批评家的位置高於作家及作品的地位的。至於归纳的批评，与裁断正巧相反，是用论理学上的归纳法那样来批评的；从最多的材料，归纳成一个标准来批评的。

　　"因习的批评据Moulton[①]的解释，它是以亚里斯多德[②]的学说为根据，它的缺点是忘了文学的统一，忘了自然的文学的进化；而近代的批评即以'主观的批评'为主，正和'客观的批评'相反，又包含着'科学的批评''印象的批评''鉴赏的批评'等等，其中最有力量的是法国泰因（Taine）[③]的'科学的批评'。

①　即莫尔顿。——编者注。

②　今译亚里士多德。——编者注。

③　今译泰恩。——编者注。

"他提出批评的三个原则。他认为，批评应当着眼于：（1）作者所属的种族；（2）作者的环境；（3）作者的时代。他说：

所谓种族，是说人间所具生来本具的遗传的素质及性向有关系於人间的气质和身体的构造上显著的差异。……这人种及遗传的素质之倾向，是有一种很显著的效力的。

又说：

人类没有在世界上单独存在的；自然环绕着它，别的人类包围着它的周围。偶发的第二次的倾向，是能改变这所谓先天的人种的倾向的。

又说：

大抵国民性与周围的事情动作时，其动作的方式和那个时代有关系。一般的观念，常是人间的型式。

这种见解很有理由，我们批评别人的文章时也应该顾到这三点。——外国的批评理论，大概如此。"

亦平放了书，慢慢地讲，他又拿出烟来抽，忘掉这是图书馆了。四周很寂静，连那图书馆管理员王先生——一个二十多岁的青年，也是宏文中学毕业的——也抬起头在倾听亦平的滔滔的言论了。

王先生很年轻，但也很用功，这职业正是他努力的机会。他看过很多的书，可是没有系统，也缺乏一个指导他的人。他走过来笑嘻嘻地："原来批评也是外国流行过来的。"

"这倒并不如此，"亦平不客气地批评他的话，"中国古代很早便有文学的批评了。试在《论语》里翻翻，便有不少零碎的批评文学的话。但是中国批评文章最早成为专集的，有梁刘勰的《文心雕龙》；批评诗的，有钟嵘和司空图的《诗品》，后来又有了《续诗品》《词品》和《续词品》；专评史的，有刘知几的《史通》；后来批评文史的，有章学诚的《文史通义》。其他诗话和词话里也有很多批评诗词的话，不过他们专评某一人的诗词或某一首诗词罢了，其他论到批评的原理的专书却是没有，连零碎的说批评原理的话也很少见到过。"亦平在肚子里搬出许多货色来。

"所以现在有《中国文学批评史》出现了。"王先生认为李先生的话是有根据的，"但是，李先生，我却有一个问题，不过似乎太幼稚了，现在常常有人提起'报告文学'，这名词的解释应当怎样？它和小说有什么不同？"

亦平掏了一支烟给他，对方却拒绝了，他便接上了那一支将吃完的烟。

"在外形上说，在技巧上说，报告文学和普通的小说并没有什么两样。不过小说有的全凭穿插和虚构的，而报告文学却是真的在某处某时发现某一件事实，时间和地点都不容你臆造的，不过将这事实用写小说的手段写述出来罢了。这样，好像是一张影片，可以给读者更明白具体的形象。报告文学在补足普通新闻文字的单纯中而产生的。所以写报告文学比写小说更困难，非亲自经历不能动笔，同时，也不能凭想象来臆造。

"所以报告文学中有的题材并不怎么动人，它不过是《新闻报》上几十个小字的铺叙而已。要在枯窘的题材中，写了使人不觉其为枯窘，使人如身临其境一样，方才算出色的作品。

"但是近来有许多报告文学却并不如此，完全是杜撰的居多，这样便失了它的本义了。"

李先生咳了一声，表示已发好他的议论。

王先生点点头，他觉到一种满足，但又贪婪地看看李先生的脸色。

"现在很盛行'集体创作'这名词，我想这是绝不可能的，因为作风各个人不同，文调又各个人不同，你写一句我写一句，你写一段我写一段，不是反而不及个人的创作吗？"他用疑惑的眼光来候亦平的答复。

"这是你误解'集体创作'的意思。一幅画里面画着岩石和竹枝，可以由一个人先写大石，再由另一个人再写竹枝。但是文艺作品有它的统一性的，绝不能你写一句我写一句或你写一段我写一段的。'集体创作'的意思，乃是许多人大家商讨这小说或戏剧或散文中题材的配备，各人提出各人的意见，商略妥当了，再讨论文字的结构和哪里应该怎样写法，于是便由一个人执笔，写好了，便再给大家修改讨论，这便是所谓'集体创作'了。还有所谓'集体讨论'，乃是先提出一个问题，由每个人写一篇他自己的见解和理论，再凑集在一起，编成一本小册子，或者有的是用谈话式由记录来发表的。这合作，并不是每人写一句的意思，如果真的如此，那篇文字外形不统一，哪怕你题材如何现实，再也不会使读者喜欢阅读了。"

王先生又领会似的点点头。

祖平向来对王先生感到不满的，今天他的话多了，似乎有些觉着讨厌的样子。但是王绍其和章明却静静地在听亦平的演讲。

天色渐渐昏黑了，图书馆里的光线本来不大充足的，因此更觉到黑暗的压迫。李先生抬起头来，看看对面灰色的高墙上没有一丝日影，他立了起来。

"不早了，我还得买些东西，明天我的亲戚要到浙东去了呢！"

三个黑影慢慢地闪出了图书馆。王先生摸摸他的精光的头发，低着头在收拾他们未看完的书。

第三十七章　关於小品文

已是黄梅的天气了，傍晚，突然酷热起来，厚厚的云遮在天空，闷得透不出气。野外一切都蒙着一层阴暗的颜色，初开的蔷薇也郁郁地没有一些儿生气。

大约是五点多钟的时候，亦平穿着短衫，在弄堂里缓步。弄堂里是孩童们的娱乐场，他们穿着各式不同的衣服在那里跳绳或捉迷藏，他们的姿态是活泼的，他们的笑靥是天真的。为他们的天真和活泼吸引住了，亦平背着手在呆看，他忘掉了自己是一个中年的人了，有时当他们玩得正有趣的时候，他也会情不自禁地露出轻快的笑声来。

这里来往的人很多，车辆非常杂乱，但是人们却不注意他，他也不注意他们。他的眼光直注射在他们的手和脚上，脸上流露出可惊可喜的表情。他回忆到几十年前的事，那时他正年轻，每天无忧无虑地跟着同伴们到村东溪边的大平原上去做各种新颖的游戏。

他怀恋着过去，怀恋着母亲的爱，如今他已做了女人的丈夫并且是一个孩子的爸爸了，生活的犁加在他的颈上，永远脱卸不了。他羡慕他们的幸福，同时又为自己的老大而叹息。

然而这批孩子们却不了解亦平的心情，开始注意他憎恶他了。甚至於有一个年纪较大的，走过来要求他换一个地方。他又感到惘然了，无目的地走到弄堂外去。天气更燠热了，他觉得有比天气更闷的物件压在他的心上，嘘了一口气，又慢慢地踱了回来。

背后有人赶来叫他，原来是章明和祖平。他们两个挽着手高兴地跳着，直走到亦平的面前。

"李先生，我们是散步来的。"

亦平看见他们两个的来到，似乎高兴了些："散步跑得这么远？"

"是的。我们吃了夜饭，闲着谈谈，就走到静云路了，好在静云路到这里没多少路，又便走了过来——谈着话走路丝毫不觉得吃力哩！"祖平的身子向前微倾，又挺挺胸脯，表示勇敢的样子。

"你们看，那边孩子们正有趣呢。"亦平还在留恋着自己的童年，但是他们却不知道，只不过是随意地点头。

他们又一面谈天，一面在散步了。亦平回过身子，向弄外走去，他们两个也跟着走来。

马路上的电灯还不曾打亮，车辆比日中更多了。这里在战前是一个冷静区域，但是现在反而更热闹了些，两旁刺目的霓虹灯放出不调和的光来。路的两旁，疏疏地竖着几株桐树，树上的叶子很萧疏；没有风，它们直站在路边，静静地没有一点声息。

"都市里总没乡村来得有趣。去年我在乡下，同村子里的农夫去种瓜，也是这么热的天气，我们在田里造了一间茅屋，夜间住在那里，四面都是绿茸茸的，又风凉，又有趣。"章明始终是住惯乡下的人。

"你不知道乡下的脏呢，到处都是苍蝇和蚊子。"祖平没有知道乡间的真趣。

"说起乡间，真够我怀恋的。如果没有战事的话，我尽愿回到乡间去过那些农人生活的。不要说别的，天天看看浓绿、深红的颜色，也足以使你够喜悦了。"亦平老是怀恋着伊的故乡。

"山水悦性，对於个人的文思也有进步的。"章明又接着说，回头看看祖平，"你所到的乡间，怕不是真正的乡间吧？也许是一个富於都市气的市镇。"

"也许是的，我已经记不清楚了。不过，我也承认山水可以悦性的话的。"

"山水悦性是实在的情形，山水好了，容易使人胸襟开朗，便容易发生文思的。现在，在这混浊的都市里，天天忙於生活，天天忙於奔走。《文艺月刊》里偶然缺乏几篇稿子，想拿笔来写一些，看看四周的情形，怪气闷的，哪里有这些闲心情来写作呢？有时想找些题材，找些可喜悦的题材，但是这里却只是忧郁，又如何能构思呢？"亦平常常如此指斥大都市的缺点。

听到亦平的话，他们心中涂上了一种无名的纳闷。章明在回忆着自己以前几月的乡村生活，祖平幻想着乡间风物的姿态。他们默默地慢慢地向前面走着。

天黑着，再加上阴沉的天气，四周已渐渐地模糊起来。路灯在他们不经意时打亮了，一切都变成了淡黑色，只有几辆汽车驶过时的两只明亮耀人的大眼。

祖平的话，打破了他们间的沉寂："李先生，小品文是怎样的一件东西？"

"我不是对你们说过了？"亦平当初似乎不愿打断他的凝思，然而说出了这句话，想了一想，又用话来掩盖刚才自己沉思时所说的话，"小品文，就表面说，固然是短小精悍之作品，但是内容却重在风趣。例如人们的谈话一样，有风趣的人说几句，却是特别有味儿的——这倒也是一种可谈的问题。我们到院子里去坐坐吧，天气闷得很呢！"

他们转了身子，又从原路走回来了。

"周作人说：'小品文的兴盛，必在王纲解纽的时代。'这话是有相当的根据的。中国小品文的兴盛在明朝末年公安、竟陵的兴起。当时的八股文的势力遍於国内，正因为明代的国运将完了，於是有这种小品的产生。清代立国，它又唾弃了小品而专重那些桐城、阳湖了。"

他们说着，已走到亦平住宅的门口。铁儿在草地上玩，旁边韦玉在守着他。他瞧见章明和祖平，跳过去"哥哥""伯伯"地乱叫。

韦玉替他们向房东设法了几张方凳和木椅，错乱地摆在草地上，他们各自拣了座位坐下来。草地的前面是一片竹篱，蔷薇的嫩枝已攀满了，角落里一株小小的天竹伸得长长的，两边冬青树已经有些枯萎了，多日没有人剪过，长得长长的，像被风吹乱了的头发。

当中一张方凳上放了茶和烟，亦平和韦玉正对面坐着，铁儿在草地不知拾些什么，拈来玩了一会，又丢去了，再蹲下身子去拾。

"她最喜欢小品文，她读的小品文也很多，这问题请她来解释给你们听吧。"亦平指指韦玉向他们说。

"没有的话。"韦玉笑着向祖平和章明摇摇手，"他老是喜欢牵牵拉拉的。"

"有什么关系？他们又不是陌生的客人。"

祖平也凝视着韦玉的脸："李师母，你不肯教我们？"

被他这么一说，韦玉不得不说话了，当然这话的开端是一番谦虚和客套。她用手理理她的鬓发，椭圆形的脸上泛起一些红晕。她已多年不曾对许多人发过长篇的议论了，但是在这环境之下，她不能使这两个热望着知识的青年失望。

"小品文正当於英文里的所谓Essay，在表面看文字很简洁，议论很精辟，文章的篇幅也并不怎么长，但是就题材而言，只是随便的谈论和个人的思想，它并不和庙堂文学一样，也不专做长章大篇的宏论，只是偶有所得便直捷地抒写出来。所以小品文是纯叙片段的情感、描写和记述而已。兴之所至，便提笔直写，写完便止。所以它的风趣是非常卓越的。……"

　　亦平想起了刚才的话，便插嘴说了："'风趣'两个字不容易解释，同时普通一般的人也不容易懂得的。林语堂说："大概谈话之佳者，都有一种特点，都近小品文风味。如狐怪，苍蝇，英人古怪的脾气，中西民族之不同，琉璃厂的书肆，风流的小裁缝，胜朝的遗事，香橼的供法，都可入谈话，也都可入小品文。其共同的特征，在於'闲适'两字；虽使所谈内容是忧国忧时，语重心长，但也以不离闲适为宗。人到文明了，有什么忧愤，只在笔端或唇角微微一露罢了。真有慷慨激昂的话，也只让好友几人听见而已。所以谈话是燕居自适，好友相对，旁无凝目之人之时所谈的。若以小品文与士大夫廊庙文学相比，便明了此中之异趣。一长篇阔论，冠冕堂皇，然其朝贵气早就令人讨厌。小品文有时也带

了"随便"的艺术，所以动人之力在廊庙文学之上。'
所以小品文有倜傥风流的趣味，全在乎不雕琢，任其自
然。像魏晋间人的放浪形骸一样。"

"这见解是对的，金圣叹所以也是一个懂得风趣的
人，他临死的时候还写一张条子托牢卒送给他的朋友，
信上说：'花生米与豆腐干同吃，有火腿之味，此法恐
失传，故书之以告。'苏东坡也颇懂得风趣，所以他的
书简中常有小品文的风趣，我最爱读他的与章子厚的一
封信：

　　某启：仆居东坡，作陂种稻。有田五十亩，身
　耕妻蚕，聊以卒岁。昨日一牛病几死，牛医不识其
　状，而老妻识之，曰："此牛发豆斑疮也。法当以
　青蒿粥啖之。"用其言而效，勿谓仆谪居之后，一
　向便作村舍翁，老妻犹作黑牡丹也。言此发公千里
　一笑。

这样一些小事便提笔作书，自命为道学正统的桐城派人
见之，一定要斥为野狐禅，然而它的风趣是不能否认

的。随意写来，犹如晋代王平子的弄鹊一样，这不是很
有趣的吗？"

"王平子弄鹊是怎样的一回事？"章明问。

"这是见於《世说新语》的。"亦平替韦玉向他们
解释，"王平子到荆州去做太守去，当时许多名士文人
在送行，这时候庭中有一株大树，树上有喜鹊的窝。他
当时脱了衣服，便爬上树去，捉住鹊子下来玩弄，神色
自若，旁若无人。——你看这不是放诞到了绝顶了吗？
魏晋间人，只重自己的兴会，而不以礼节来束缚，这是
很有风味的。小品文也当随笔而往，随笔而至，不加矫
饰便是好文章。"

"到了明末竟陵、公安二派出来，小品文便特立一
帜，到近代才注意到它的价值。明人的作品如陈继儒给
王闲仲的信：

    今日午后，屈兄过七夕。因思牛女之会，当新
秋晚凉，故不热；无小星，故不争亦不妒；一年一
渡，故不老；容把杯共笑也。

现代小品文的制作更多了，例如周作人的《苍蝇》，朱自清的《荷塘月色》《背影》等等，都是很好的作品。所以小品文中一部分是连写一类的文章。这里有记述，有描写，也有议论。

"其他在长长的一篇文章里抽出某一部分来，是很好的小品文，例如《赤壁之战》中的一节：

> 时东南风急，盖以十舰最著前，中江举帆，余船以次俱进。操军吏士皆出营立观，指言盖降。去北军二里余，同时发火，火烈风猛，船往如箭，烧尽北船，延及岸上营落。顷之，烟炎张天，人马烧溺死者甚众。

能注意於这种地方，作文便会进步。在别人文章里最精彩的一部分，往往可以抽出来做独立的一篇小品文的。做小品文最紧要的关键是'精辟'，不做人云亦云之谈。要独抒己见，方才是好文字。同时注意文字上的经济和有力。至於题材，因为它是无所不谈，所以俯拾即是。现在我们作文，常说写不出，没有题材，其实并不是题材的窘乏，而是自己思想的狭隘。如果我到处会发生感想，那么题材触目皆是，为什么又会没有呢？"

天色渐渐更黑了，这草地周围没有电光来照耀，只有忽隐忽现的月偶尔从云端里伸出头来下望大地上的一切。然而它的光又是那么微弱，在电光强烈的地方，又隐然消失了它的光明。这里，四周非常静寂，只有铁儿在月光中哼着他的《月光曲》。他那天真而不甚和谐的调子，更增加了月夜的趣味。这时候，一阵风过去，带给他们些微的凉意，然而不久，又充满了潮热。

但是他们这几个正浸润在闲谈里，章明急急地追问着韦玉："那么为什么现在大家都提倡它呢？"

"这，最大的原因，第一，小品文有它本身的价值，它的趣味是隽永的，生动的，和廊庙文学恰恰相反，这种趣味为人们所欢迎，聪明的人们更喜欢创作它。第二，是受了西洋 Essay 的影响，短短的议论实在比长篇的宏论更容易动人。第三，新闻文字现在已经是趋向到精短一路，而它却可以左右文章界的风气。因此小品文便在这时代里抬起头来。平心静气地说，中学生应该多读它，多做它，因为如此可以练习自己对於生活间一切事物的观察力，而补救作文里枯窘的毛病，同时也可以知道作文乃是生活的实体的反映，而不是歌功颂德或者敷衍塞责的东西。精於写小品文的人，他一定是懂得风趣的，所写的其他各种文章，不会有枯窘和浮泛的病，也不会有八股式的专於解释题目的病。"韦玉说得口顺了，她回复到她的学生时代了，好像在某一次学生代表的会议席上，在发表什么演说似的。在淡淡的月光下，看不清她的脸色，只见她那瘦小的腰肢和手肢的摆动。

"小品文也贵乎婉转，直写胸襟，使人不知其臆造方才可贵。如果矫揉造作，便枯燥乏味。《水浒传》前面的一篇序，大有小品文的风趣，我且背一段给你们听:

> 人生三十而未娶，不应更娶；四十而未仕，不应更仕；五十不应为家，六十不应出游。何言以之，用违其时，事易尽也。朝日初出，苍苍凉凉，澡头面，裹巾帻，进盘飧，嚼杨木，诸事甫毕，起问可中？中已久矣!——中前如此，中后可知。一日如此，三万六千日何有？以此思忧，竟何所得乐矣。每怪人言，某甲於今若干岁，夫若干岁，夫若干者，积

而有之之谓，今其岁积在何许？可取而数之否？可
见已往之吾，悉已变灭。不宁如是，吾书至此句，
此句以前，已疾变灭，是以可痛也。

毫不矫饰，老老实实地写述出来，令人十分感动。朱自
清的《匆匆》里，所写的悲哀也和它一样，虽然有语体
文和文言文的不同，其为小品文，其动人的力量完全是
一样的。

"所以做小品文，完全着重在思想。思想不敏捷、
不容易有反应的人所写出来的文章也不会有风趣的。正
同有些没风趣的人一样，一举一动，只觉其俗不可耐，
毫无一些风趣。"

亦平似乎觉着有些燠热，嘘嘘气，打断了韦玉的话
头："你讲得太玄妙了。"

"是的，要我具体地说出小品文的做法，我也觉到
烦难。它和别的文章的构造并没有什么两样，内容又是
空洞的东西，我不能不提出小品文和普通文章的不同点
来叙述一下。此外，作文应该如何如何，还得请你国文
老师来发议论呢。"

他们都笑了。

亦平笑着提高了嗓子："我还得补充一下，小品文是隽永的、有卓见的作品，切不可用陈俗的议论来做题材；同时你们要学作文，最好先从小品文入手，那么可以进而为其他的一切文体。小品文无异地是各种文体的缩短，也是文章最精湛的部分，小品文做好了，别的文章没有不会好的。至於风趣，由於各人性情的不同，你们也不可强学，例如像魏晋间人的谈论举动，他们都是出於本身的。例如王平子捉喜鹊的故事虽然有趣，但是故意学习他们的任诞，便失了真了。现在有许多人喜欢学名士派，衣服穿得很脏，长长的头发千年不梳，固然文人有的是不修边幅，但是他的风趣并不单在不修边幅上。如果单去学了这一点，真是所谓'东施效颦'，弥增其丑了。我们要在文章上表现风趣，不要单在行动上做出过分任诞的样子。就利害而论，魏晋间人都以任诞而得祸；因为太放浪形骸了，便容易为社会所不容。当然我不是道学先生，并不是要你们规行矩步地去做假道学家。"

外边风渐渐地大了，变成了狂飙在撼动篱笆；墙外的路灯也跟着摇曳起来，闪出动荡的光，一明一暗地照在他们的身上。铁儿有趣起来，他张开两只小手，在高喊着：

"凉啊！凉啊！"

但是跟着凉意而来的却是急雨，很大的点子直洒下来，有时横击在二楼的玻璃窗上，发生沉音。亦平背后的一株蔷薇花也跟着风摆动起来，打在亦平的背上。花刺刺痛了他，他像被蛇蝎咬啮一样，惊惶地立了起来。

"什么？"大家惊讶地问他。

亦平回头看看，恍然觉得自己太神经过敏了，他掩饰了刚才的事，慢慢地镇静地说：

"下雨了。"

韦玉替他们还了家伙，一同到屋子里来。屋子虽然很明亮，但是人们的眼却因受了刺激而不安，同时，空气比外面更燠热了。铁儿嚷着要出去，韦玉在哄他。章明和祖平着急地看看窗外。一阵风带来了雨点，又洒进窗子来。亦平知道他们的意思，笑着对他们：

"雨不久就会停的，再坐一下吧，现在才九点钟呢！"

第三十八章　怎样写成一篇好的论文

李先生讲完了一篇《过秦论》之后，他在黑板上写着：

详观论体，条流多品；陈政则与议说合契，释经则与传注参体，辨史则与赞评齐行，诠文则与叙引共纪。故议者宜言，说者说语，传者传师，注者主解，赞者明意，评者平理，序者次事，引者胤辞。八名区分，一揆宗论。论者也，弥论群言而研精一理者也。

（《文心雕龙·论说》篇）

同学们各自抄录了这段话，抬起头来等李先生的解释。

"这段话大意是说'论文'之中，有很多的类别。

所以梁任公也将论辩文分作五种：（1）说喻之文；（2）倡导之文；（3）考证之文；（4）批评之文；（5）对辩之文。我且将这几种分别来说一下。

"所谓'说喻之文'，即是《文心雕龙》的所谓'说'，刘勰以为和古代的谏说游说有关系的。所以这一类的文字，是对於特定的一个人或一部分人，用言语来说服他。如规勉友人的信。

"所谓'倡导之文'，是标举一种学说，用以昭示全国乃至全世界的人的。如各种主义的理论和中国周秦诸子的立说。

"所谓'考证之文'，如我们常说的考据，引证许多证据曲曲折折地解一言一事或一物的文章。清代学者如焦循、孙诒让等的考证文章都属於这一类。但是'考证'这件东西，一切的论文中都用它，因为它是作者理论的根据，否则便是空谈了。

"关于批评文字，我上次已和祖平、章明他们约略谈过了。批评的方式有好多种，但近代的批评却侧重於'主观'，侧重於作者的'种族'、'环境'与'时代'。

"'对辩之文'是答别人的批评的。桓宽的《盐铁论》便属於这一类。

"虽然论文有这五种不同，但是它的写作的目的是：（1）判断某一件事物的真义；（2）用以说服别人。让我写出一篇很短的议论文来做例子吧。"

亦平先将黑板擦干净了，拣了一支粉笔，在写着：

> 世皆称孟尝君能得士，士以故归之。而卒赖其力，以脱於虎豹之秦。嗟呼！孟尝君特鸡鸣狗盗之徒耳，岂足以言得士？不然，擅齐之强，得一士焉，宜可以南面而制秦，尚何取鸡鸣狗盗之力哉？夫鸡鸣狗盗之出其门，此士之所以不至也！
>
> （王安石《读孟尝君传》）

"王安石将大家公认孟尝君为侠义的思想推翻了，这便是判断事物之真义的例，其他如刘大櫆的《焚书辨》，韩愈的《师说》，完全提出他主观的见解，来论断某一件事物。刚才读过的《过秦论》，先说秦国之强，它的四周有齐、赵、楚、魏之四公子及许多谋臣，尚且被它灭亡，而下面再说陈涉氓隶之人斩木为兵便一举灭秦，何以前后形势如此不同呢？他便提出他主观的论断，说：

> 　　秦以区区之地，致万乘之权，括八州而朝同列，百有余年矣。然后以六合为家，殽函为官，一夫作难而七庙堕。身死人手，为天下笑者，何也？仁义不施而攻守之势异也。

这也是判断事物真义的例。记述文里面也常夹着这种议论的，例如苏轼的《石钟山记》，你们也念过的：

> 　　《水经》云："彭蠡之口，有石钟山焉。郦元以为下临深潭，微风鼓浪，水石相搏，声如宏钟。"是说也，人常疑之，今以钟磬置水中，虽大风浪不能鸣也，而况石乎！至唐李渤，始访其遗踪，得双石於潭上，扣而聆之，南声函胡，北音清越，桴止响腾余韵徐歇，自以为得之矣。然是说也，余尤疑之。石之铿然有声者，所在皆是也，而此独以钟名者何哉！……舟回至两山间，将入港

口，有大石当中流，可坐百余人，空中而多窍，与风水相吞吐，有窾坎镗鞳之声，与向之噌吰者相应。……余是以记之，盖叹郦元之简，而笑李渤之陋也。

先将上述两种议论加以驳斥，再申述他的意思。这又近乎'说服别人'一类了。

"说服别人的最好的例子，可以到《孟子》上去找，你们上学期不是选读过《孟子》吗？例如《孟子·去齐》的一节：

孟子去齐，尹士语人曰："不识王之不可以为汤武，则是不明也；识其不可，然且去，则是干泽也。千里而见王，不遇故去，三宿而后出昼，是何濡滞也！士则兹不悦。"高子以告。曰："夫尹士恶知予哉！千里而见王，是予所欲也，不遇故去，岂予所欲哉？予不得已也。予三宿而出昼，於予心犹以为速，王庶几改之，王如改诸，则必反予。夫出昼而王不予追也，予然后浩然而归志。予虽然，岂舍王哉？王如用予，则岂徒齐民安，天下之民举安。王庶几改之。予日望之。予岂若是小丈夫然哉！谏於其君而不受，则怒，悻悻然见於其面，去则穷日之力而后宿哉？"尹士闻之曰："士诚小人也！"

你看孟轲针对尹士的话，逐一加以驳斥或解释，所以便容易说服别人了。

"讲了这么许多，你们急乎要知道的还不曾说到，就是做论文应该注意的条件有几种。这个我可以告诉你，归纳地说起来，大抵可以分作四种：第一是理论的周延，第二是不离开真实，第三是文意要明晰，第四是理论要动人。

"怎么叫作'周延'？这原来是论理学上的名词。论理学中最重要的是三段论法，它的形式是：

大前提——小前提——断案

例如：'人为万物之灵'，这是大前提；'我是人'，这是小前提；结果可以推论得到一个断案为'我是万物之灵'了。但是，如果一个前提不周延的话，那么整个推论便不能够成立了。例如说：

> 我是人，孔子也是人，所以我是孔子。

错误完全在於'大小前提'的不周延，因为'我'与'孔子'虽然都是人类中间的分子，但是'我'与'孔子'却绝不能完全相等的。这和几何公式里'甲等於乙，丙等於乙，故甲等於丙'的方法是不同的；上例用公式来解释是：'甲等於乙（中之A），丙等於乙（中之B），故甲丙是否相等尚属疑问。'

"记得在某处见到这样一个故事：一个母亲带了她的孩子到水边去玩，忽然一只大鳄鱼爬出来，要吃那孩子。母亲哀求鳄鱼，鳄鱼说：'你能答应我依我说一句话，那我便放了这孩子，否则非吃了他不可。'母亲只得应允了，便问鳄鱼要说什么话。鳄鱼说，你说一句：'我的孩子送给你吃吧。'

"如果没有论理学常识的人，可以认为鳄鱼的话是非常合理的，哪知它教母亲说的话，早已在否定的条件之下了。作文如果这样，自己以为很周到了，但是实际上却是错误的。例如说：‘中国之衰，衰於军阀之操政，所以欲使中国富强，非打倒军阀不可。’初看似乎很有理由，但是‘中国衰於军阀’这话是否合理的呢？中国之衰的原因是如此简单的吗？如此模棱两可的话应该竭力去避免它。每说一句话，先得考虑一下是否周延，而因这原因而得的推论或断案是否会有上述的两种毛病。

"议论和真实很有关系。如上面所说，我明明不是孔子，鳄鱼按理不能无理地吞食这小孩子。所以你无论如何说得天花乱坠也不能推翻真理的。许多违反真实的理论往往用似是而非的论断法来蒙蔽读者，其实这不过是‘强辩’和‘遁辞’而已。孟子将违反真实的议论分成四种，他说：

> 诐辞知其所蔽，淫辞知其所陷，邪辞知其所难，遁辞知其所穷。

这四种都是失却真理的邪论。古代固然有许多反案的议论文，但是它并不违背真理。如果你做一篇文章解释风雨之成因完全由於菩萨的操纵，并不是自然的现象，那你便会被别人驳斥得体无完肤了。

　　文意明晰，是议论文中的一个重要的条件。凡发表一种主张，不止一种理由，也决不能单从一方而观察。最好是照思想的路径表达出来。平列的许多思想，要由浅及深，还得层次明晰；最重要的是抓住文章的重心，处处得从这中心出发，不能离题太远，这也是使文章清晰的一个好方法。此外，层次和段落也须分明地可以表示作者的思想的。如果东写一句，西插一句，那么文意便被扰乱，哪怕你的理由如何充足，也不会使读者得到重要的概念的。例如《孟子·许行》章里陈良述许行的好处：

　　　　从许子之道，则市贾不贰，国中无伪；虽使五尺童子适市，亦或莫之欺。布帛长短同，则贾相若；麻缕丝絮轻重同，则贾相若；五谷多寡同，则贾相若。屦大小同，则贾相若。

而孟子却驳斥他道：

夫物之不齐，物之情也。或相倍蓰，或相什百，或相千万。子比而同之，是乱天下也。巨屦小屦同贾，人岂为之哉？

而陈良的话里却是'屦大小同，则价相若'，并没有说'大小鞋子同价'，这一点便不明晰了。

"如何使自己的理论动人呢？

"第一，要使人一望而知他用意的所在。如果绕几个大弯子，写几篇与文章要旨没有关系的话，如《颜氏家训》上说的'博士卖驴书券三纸，不见驴字'，便根本说不上动人了。关於这一点，许多论文是将他的主意写在文章的最前面，如《荀子》的《性恶》篇的开端：

人之性恶，其善者伪也。

又如欧阳修《本论》的开头：

佛法为中国患千余岁，世之卓然不惑而有力者，莫不欲去之。已尝去矣，而复大集。攻之暂破

而愈坚，扑之未灭而愈炽，遂至於无可奈何。是果
不可去耶？盖亦未知其方也。

再如前面所举的王安石《读孟尝君传》的开端，都是先
将一篇的重心先提出来说一下。

　　"也有的将结论放在末尾的，使读者看完这许多议
论之后，浮出一个概括的印象。例如柳宗元的《封建
论》的末了：

　　　　吾固曰：非圣人之意也，势也。

又如苏轼的《志林》论平王的结尾也说：

　　　　周之失计，未有如东迁之谬也。

再和上次所举的贾谊的《过秦论》的结尾，都是以全篇
的重心作为结论的。但是有的文字，内容很繁复，急切
不容易找出一句总括的话，那么便先提出其总数，再分
条叙述。例如贾谊的《陈政事疏》的开头：

　　臣窃惟事势，可为痛哭者一，可为流涕者二，
可为长太息者六。若其他背理而伤道者，难遍以疏举。

於是下面便分述'可以痛哭''可以流涕''可以长太
息'之原因及其理由。如此，读者先知道你的主意所
在，便容易感动了。

　　"第二，要有适当的证据。为了使文章可以动人，
非有相当的证据不可，没有证据便近於空谈臆说了。空
谈的文章便不大容易使人相信。譬如你要做一篇提倡民
俗文学的论文，便先得历举中外民俗文学的流传超过其
他一切文学或有利於社会的例子。古今好的论文，常常
利用例证来加强理论的根据的。至於所引用的例证，有
的是谚语，有的是古书上的名言，有的是当时或历史上
的事实，但须要能帮助你的主张而意识鲜明的，不能市
菜求增地拼命去多找例证。例如《庄辛说楚襄王》的开
端说：

　　臣闻鄙语曰："见兔而顾犬，未为晚也；亡羊
而补牢，未为迟也。"

又如你们读过的那篇《志气》：

> 我们有句老话："行行出状元。"意思是说任何职业，不管士农工商，医卜星相，只要你肯努力去学，努力去干，都有成功之一日。

这是以谚语做例证的例子。还有，韩愈的《守戒》：

> 《诗》曰："大邦维翰。"《书》曰："以蕃王室。"诸侯之於天子，不惟守土地奉职供而已，固将有以翰蕃之也。

又如孟子与人辩驳，也常常喜欢引《书》上的话，在'齐宣王问交邻国有道乎'一节里他引了：

> ……《诗》云：畏天之威，於时保之。……《诗》云：王赫斯怒，爰整其旅，以遏徂莒，以笃周祜，以对於天下。……《书》曰：天降下民，作之君，作之师，惟曰其助上帝宠之，四方有罪无罪

惟我在，天下曷敢有越厥志。……

这些都是以古书上的文章作为例证的例子。其他以事实来做例证的很多，《孟子》上《揠苗》一节，便先假造一个故事要做例证。其他如《庄辛说楚襄王》说了许多事物实在的事情，墨子《非攻》也说到当时政治制度下人民的犯罪的情形。又如《韩非子·说难》也引证了历史上的一个故事：

　　昔者弥子瑕有宠於卫君，卫国之法，窃驾君车者罪刖。弥子瑕母病，人闻，有夜告弥子，弥子矫君车以出。君闻而贤之，曰："孝哉！为母之故，忘其犯刖罪。"异日，与君游於果园，食桃而甘，不尽，以其半啖君。君曰："爱我哉！忘其口味，以啖寡人。"及弥子色衰爱弛，得罪於君，君曰："是固尝矫驾吾车，又尝啖我以余桃。"故弥子之行未变於初也，而前之所以见贤，后获罪者，爱憎之变也。故有爱於主，则智当而加亲；有憎於主，则智不当而加疏。故谏说谈论之士，不可不察爱憎之主而后说焉。

这是引证历史上的事实做例证的例子。用了适当的例证，那么你的意见便有了着落，别人也不容易推翻你了。

　　"写论文所应注意的，不外乎上述几项，但此外也应注意到'对象'的问题，便是你这篇文章是驳斥别人的呢，还是给别人看的？给大众看的呢，还是给研究学问的人们看的？因对象的不同，措辞、主意、例证便各自不同了。这不但论文如此，一切描写文、说明文、记述文，也都是这样的。

　　"你们做论文的功夫，远不及描写和记述，这是太少练习的缘故。但是在现代，论文和驳辩文却是很需要的，要会赏鉴，同时又要会得做。所以下次作文我要出一个关于论辩的题目，大家来试做一下。"

　　李先生看看许多正凝视着他的眼，略停一停，又翻开书本来讲授另一篇了。

第三十九章　作文实习

　　阳历六月中旬，正是"梅子黄时雨"的季节。富有海洋性气候的上海更是晴雨无定。晴朗的早晨，海风带来了一阵湿闷，天气便突然转变了，不久，又转变成阴霾的天色，接着，鹅毛般的细雨又变成乱箭似的急雨了。

　　上海，正和这天气一样，很少有朗明的天色，物价一天一天地腾贵起来，社会的安宁也因此破坏了。怀着不安的心，李先生又踏进了教室。看看这一批渴望着知识的孩子们，他的心又忐忑起来。本来他预备告诉他们将离开上海的消息的，然而他踌躇一下，又将他的话吞下去了，变成了一种不可名言的隐痛在啮咬他的心。半晌，他才迸出了这句带有伤感性的话：

　　"今天是这学期最后的一次作文了。"

　　然而孩子们却并不觉得这话中有悲伤的成分，他们和已往一样，拂拂纸，蘸蘸墨，在等候着教师写出题目来。亦平望了一望，又说下去：

"这一次，我不预备再教你们作文了。一年来，我讲给你们许多关于作文的常识，然而你们的作文里，仍有许多错误发现。我想在这两点钟——也许再延长一点钟——来对你们批改你们前次的作文卷子。我想，这样可以做一个总复习，也可以实验一下各人作文的手段。三十多本作文，我想在这时间内总可以完成的。"

这，在孩子们还是头一次，他们觉得有趣得很。几分钟以后，教室里的桌椅摆成了一字形的长桌，李先生独自坐在长桌东首的尽端。

天气渐渐又晴朗起来，日光有力地射进这教室。热浪又渐渐高涨了。

李亦平开始工作了，他忘了热，忘了自己，拿文章一篇篇地批阅着，四周是沉静的。

"这里就有错误了"，他像发现了什么宝藏似的："你们看，这几句话。"

他用手指着文章上的一句：

　　五月十日是我们宏文中学借座新新公司四楼开
毕业同学会。

　　"你知道这句话的错误吗？"亦平睁大了眼睛。

　　"这里面最显著的错误，是将'欢送毕业同学的同
乐会'写成'毕业同学会'了。'欢送毕业同学'，未
毕业的同学也可以参加的，如果是'毕业同学会'，那
便指集会的人只是毕业同学了。"王绍其改变了他已往
"孔夫子"的态度，他也肯讲语体文的文法了。

　　"还有一点，"章明又插嘴说，"这句文法上有很
大的谬误，毛病出在那个'是'字上，用了'是'字，
便属于'实体词＋关系动词＋补足语'的基型。但是他
的补足语却并不等於主词。因为五月十日是一个日子，
而下面是会名，其间不能用关系动词的。"

　　"依你应该怎样改呢？"

　　"我想将这句改成：

　　五月十日，我们宏文中学借座新新公司四楼开
欢送毕业同学的同乐会。

或者不改去'是'字，也可以：

　　　　五月十日是宏文中学借座新新公司四楼开欢送
毕业同学同乐会的日子。"

章明坚决地。

　　亦平含着笑向他点点头："但是这两句句式有什么
不同吗？"

　　"前一句着重在'五月十日'，而第二句却着重在
'开会'。所以依题目讲，还是后一式来得有味。"章
明又答。

　　"因此我们可以知道文句不单要做得通，通的文
句，在语调上也要斟酌的——章明的话不错。"

　　亦平改好了几篇，分散给坐得远些的学生去看。

　　"这又是值得研究的问题。大家听听吧，这是题目
叫'暮春'的文章的开头，让我念出来：

　　　　春，给予人们以极大的欢喜。它是四季中的第
一季，为一年之首。阴历正月二月三月叫作春季。

这时候，桃花开了，小鸟也唱歌了，窗外的树叶变成绿色了。寒冷被冬季带去了，天气也更和暖了。然而春光是不永久的，转瞬又变成可怕的初夏了。

你们觉得这样开头对不对？"

教室里起了一阵扰乱，有的举手说"对的"，有的在批评它不对。亦平挥挥手，叫说对的人来申诉理由。张嘉善做了这一派的代表，他立起来："这段文章里根本没有文法上的错误，也没有修辞上的毛病。"

但是陈祖平却立刻起来反对："李先生不是说过文章的开端吗？说明文所说的东西，如果是大家周知的，那便不必解释。'暮春'谁不知道？还要噜苏地说什么'一年之首'和'正月二月三月叫作春季'，这是第一点错误。第二点，他文法上虽然没有错，可是语调上却犯了很大的病，李先生方才在念的时候我们就可以知道文句的调子太不和谐，句末用了这许多'了'字，便不顺口——谁说文法修辞没错误便是好文章？"

大家静听祖平滔滔不绝地议论，有些佩服和羡慕的样子。有几个同学低低在议论着：

"他今年进步得多了！"

这时候一位女同学立了起来，尖锐的语调镇静了全教室的人：

"李先生，这里有一个疑问，为什么这段文章你将它删去了？这段文章并不犯什么律令呢。"

她手里正在批阅李先生改好的一篇文章，她拿过来给大家看看。但她说这话时，怕同学会取笑她，有些怕羞的样子。

李先生所删了的是这样的一节，题目是"一个孩子的受难"。上面说，一家有钱人家的少爷吃和穿都舒服，但是因为天灾，他却被迫做码头上的小工了。他的皮肤也变成了黑色，衣服也褴褛，竟和乞丐一样。末了，他发了这一段议论：

> ……他现在是堕落了，要再想重新享受少爷的福，也变不可能了。如果当时他好好地安摆这笔巨大的财产，用来办学校与工业，不是很好吗？不但对社会有好处，他自己也可以永远享受中等阶级生活的幸福。不幸他不会打算，只知道读死书，因此

堕落了自己，在水灾兵灾下，完全牺牲了他自己的幸福，所以我们要复兴工业，使社会没有水灾的现象，同时要协力同心地赶出敌人，为他复仇。

亦平看了，现出不愉快的神情。他放下了笔，向大家看看，慢慢地说：

"这错误是很大的，你看不出吗？他的错误不在表面形式上，而是思想上的根本毛病。要想批改文字来修改是不成功了，这是思想落伍的病态。"

大家吃了一惊，"思想落伍"他们谁也不肯承认的，这名词在他们脑子里是一个可羞辱可咒诅的。

但是李先生却不管这些，侃侃地说下去了：

"我们先要解释'堕落'两个字的意义。'堕落'乃是指人们道德的日趋腐败的；所以以人们地位的高下、经济力的强弱来判断这人的道德，是一种极大的谬误。因为这社会是畸形的，有许多人在社会上很有声誉，经济力也很雄厚，可是他的行为方面，却吸过别人的血，却出卖过别人，而他经济的来源，也是用不正当的手段取得的。这样的人，才是'堕落'。翻过来说，小工自食其力，并没有做过不应该的事，虽然他的经济力不及人家，虽然他的地位不为人所崇仰，但是他固有的道德并不因此而蒙受影响。所以他依然并不堕落。

"这段议论先说他不会做少爷而去做一个小工，照社会学的眼光来看，自食其力的小工，他比寄生虫式的少爷们要高出千倍以上呢。在现在中产阶级已没落的时代，还在唱守家吃饭的论调，这不是思想落伍是什么？

"同时他替这个人打算，也并不怎样周到。学校工厂乃是公益的事业，并不是利用这名义来剥削别人以饱自己的私囊的，更不能将它当作自己的一部分财产。这个人他能在家产没落之后，毅然决然地去做小工，这是很可佩服的。可惜作者还在做少爷的迷梦。"

座中身材最高的周福祥红着脸，一句话也不说。太阳轻轻地晒在他光亮的头发和白而有折纹的衬衫上。他静静地低了头，让同学们的眼光投射到他身上。

祖平以轻蔑的眼光，看他一看，哼出一声：

"颜料行的小开！"

"祖平，别随便说别人。你们现在都还是幼虫呢，在这时候，努力充实自己，将来别变成寄生虫就是了。"李先生是替福祥解围的口吻。

"这里又有一个问题了。你们看这几句：

现在的上海万物飞涨，百里洋场之中依旧是酒绿灯红地在享乐，而另一世界上，呻吟遍野，茅屋一间……"

"这里用错了，应该说'百物飞涨'和'十里洋场'的！"祖平不等亦平闭嘴，马上抢着说。

"为什么呢？"亦平问他。

"这是数量形容词的关系，是习惯如此，不能解释其中的原理的。"祖平直爽地答。

"那么就'百物''万物'来说，其中有没有什么不同呢？"亦平看看大家。

"这是有区别的。这也是习惯上的一种区别。"章明代替祖平说话，"普通，'万物'指天地间一切事物，如'人为万物之灵'连人也算在内了；而'百物'的意思乃是指'百货'而言的，所以只能说'百物飞涨'的。"

　　"对啦！如果说'万物飞涨'，那么连人也涨价了。"王绍其耸耸他的肩。大家都笑了起来。

　　"所以有许多字与词，粗看相同而实际上却有差异的，例如文言文里的'迄'字，普通解释作语体文里的'到'，但是其中却又有些不同，'迄'常指时间而言。例如说：

　　　　自明迄清。

　　　　自去年以迄今日。

而'到'字也指空间而言。如：

　　　　从苏州到上海。

　　　　从欧洲到亚洲。

如果改成'自苏州以迄上海'便有问题了。这细小的地方，你们要详细地辨别才好。同时，又有一个字在不同的地方意义也各异。如'长短'两字。你们读过的有两处：

绝长补短，犹以数千里，岂特百里哉。

西人长火技而短技击。

第一句是说真的长短，而第二句却是说'优'和'劣'的不同了。

"我们再看别的文章吧！

"这里又有一段文言文，里面也有许多可议之处，你们听吧：

陈三者，苏州阊门外之人也。种田为业，家境亦甚舒服。然而彼有一子，名唤陈德志，性甚贪懒。其父素宠爱之，因不加苛责矣。俄顷，敌人攻打江浙。两省骚然，庐舍焚然，家人流散。德志一人宛转到沪，由其亲戚介绍入工厂任职。惟其於工厂工作，茫然无知。习之三月，以贪懒之原，终不肯悉心习学。因此终失业而为乞者……"

亦平看看作者名字。

"庄志超，咦？你平常语体文做得很好，何以文言文中会有这许多错误呢？你们说说看，它的错误在哪里？"

　　"'之'字可以把它删了。"王绍其首先发表他的意见，"还有整篇文章都犯了不'雅驯'的毛病。"

　　"这倒不是雅不雅的问题，实在是用词不当。例如以'舒服'来代替家境的宽裕，不大妥当，应该说'丰裕'或者'宽裕'。又如'攻打江浙'依作者的本意，是'攻陷'的意思。'焚然'应该写作'焚如'，这名词见於《易经》，也是借用的。改成'焚然'就不能表示'付之一炬'的意思了。'流散'不如说'离散'，'流'字不过是状'散'的景象。'宛转'用以形容鸟声或者唱歌的声音，此处应该说'辗转'。'惟其於工厂工作'一句，'其'字应该改作'渠''彼'字，比较明白些。因为连词之中有一个'惟其'容易和它混乱。'贪懒之原'的'原'字，不能代表'缘故'，在文言文中通常是作'原因'解的。

　　"这是用词的错误，除此之外，尚有连词用得不很妥当。例如第五句的'然而'，这里用不着大转折，还是删去的好。下面还有一个'因'字，还是改成'亦'

字好。'因'字在文言文上的用法，大抵是：

（1）做内动词用——是连接的意思。

（2）做不完全内动词用——和'犹'字同义。
例如你们念过的'黄雀因是已''黄鹄因是已'。

（3）做副词用——同语体文的'就'字一
样。《史记》里的'穰侯卒於陶，而因葬焉'。

（4）做介词用——做介词用的很多：

（a）表原因——和'以'字同。

（b）表经由——和'由'字同。

（c）表时刻——和'趁'字同。

在这里，无论哪一种都讲不通，所以还是改'亦'字好。

"此外还有'俄顷'这词头不妥当。你们都知
道表时间的词头很多，如'一刹那''一霎''弹
指间''转瞬间''顷刻''俄而''未几''不数
日''无何'等。但自'俄而'以上[1]，都是表示极短

---

[1]　原书为繁体字竖排版，故这里实指"俄而"之前。——编者注。

促的时间的。'未几''无何'等比较日子长远些。敌人攻江浙绝非顷刻间的事，所以最好改作'无何'或'未几'。

　　"你们怕做文言文，因为是文言文中造句用字还不大熟悉的缘故。其实只要多读多研究它的句法，自然容易下手的。同时，语体文并不容易於文言文，一不小心便会出毛病的。"

　　亦平将这几篇文章改完了，两点钟还没有到。他插好笔，很轻松似地立起来，笑容又浮现在他脸上了：

　　"这很使我感到安慰了。经我一年的指导——也是各位努力的成绩，得到今天的结果：三十几篇文章，大致都可以过去，只有四五篇还有些小毛病。但是如果肯努力，这些小毛病立刻可以医好的。那总算我在这里教了一年的书，也获得了相当的代价①。怀些热望的心来，能使我又怀着满足的心情回去，这是多么高兴的事。

　　"但是诸位不应该因此而满足，要记住'学无止境'的话，再努力去发掘新的园地。那么，即使我不能

---

①　"代价"，指"价值"。——编者注。

再来教你们，我永远觉得安慰的。"

　　同学们用怀疑的目光看着他，但是他躲避了，又自言自语地：

　　"自己下了种子，渐渐地看它成长起来。——现在，我有了相当的收获了。"

第四十章　离情

是中午的时候了。急雨还不曾停止。

上午亦平送了韦玉、铁儿和福英同她的孩子们上船去，因为开船是下午五点。他觉得烦腻，於是再走下船来，又踱到宏文中学去，一则向同事们辞行，二则他总有些恋恋，想再到他一年来住惯的地方去看一看。

冒着雨向前走，风很大，带雨吹在他身上，将单衫的下缘湿透了。但是他似乎不曾觉到，上了车，向宏文中学那边驶去。

学校里放了假，什么都零乱，茶房在洗那揭示板。地上丢遍了纸头，没有声息。外面的雨更大了，亦平沿路看着，什么东西都使他感到惆怅。

虽然他已明白地向宏文中学校长宣布过下半年决不再来教书了，而且也曾介绍赵鸣之来任课，但是当他经过秋二已无一人的教室时，他有些心跳。"我竟毅然瞒着他们走了吗？至少应该通知他们一声的。下学期开学他们也许会感到失望。……"他一面低着头走，一面在沉思着。

学校里的教师们大都已离开了学校，他有些感到凄凉。在图书馆门口，遇见了图书管理员王先生。他对於亦平有相当的钦佩，他一见到亦平，便狂呼起来：

"李先生，听说你要到内地去？"

因为不曾遇到所要遇到的人，素来疏远的王先生也使他感到亲密了。他点点头，向他打听了些学校里的情形。据说，校长已经决定请赵鸣之来任课了，因为怕同学们不愿意，所以第一学期暂时用代理的名义。因为王先生是校长的亲戚，所以知道得特别详细。

"李先生，我这一年来，直接间接地在你这里得了不少的好处，我正想到你府上来送行哩！"

亦平向他致了谢意，又独自怏怏地走了出来。

校门口，有一排低低的木栅，这是他习见的，两道低低的石级静静地被急雨打着，这情景他也是习见的。但是今天的雨点似更可使人留恋，他觉得这一刹那间的风景具有不可言喻的美妙。

　　远远地，在急雨迷蒙中，他发现了两个青年的身影，雨伞遮住了他们的头部，瞧不清楚这是谁。但这两个影儿的确渐渐向他走近了，走近了。

　　他想闪避，然而矛盾的心理，他又不愿闪避。他希望这两个不是秋二的学生，但是却又希望会有他的学生来找他，可以叫他传递一个分别的消息。

　　不久，他面前立着祖平和章明了。他们三个相对无言，亦平又感到一阵苦恼——章明在流泪了。

　　"李先生，你为什么不通知我们？"祖平似怨似愁地问，看看亦平的忧郁的脸。

　　"这样走了便算了，大家见了面多难受干什么呢？"亦平苦笑着，俯着头在沉思。

　　阶前的雨点直注着，地上浅浅地积起了些微波，水珠泛来泛去地在旋转，一阵风过去，雨直洒在墙上，涂出一行行不甚匀称的湿痕，接着又消失了。

　　一年来的相聚，当然彼此间免不了有些抑郁的。亦平被这两个孩子的天真的心所感动了，背着手呆视着地上的微波，有些迷惘的感觉。

　　公共汽车的喇叭声偶然冲破了这寂静，然而寂寞的雾依旧笼罩在这冷落的校门口。他们像在做梦，呆呆地没有说什么。章明屡次抬头看看亦平的脸，像有什么话要说似的，但不久又默然了。——他眼里浮凸出两粒泪珠了，但是他又忍住不使它落下来。

　　"你没有走？"一声熟悉的声音打破了亦平的凝思，立在他面前的是一个瘦长的身躯。

　　"鸣之？"亦平呆了一下，"咳，这么大的雨，你来干什么？"

　　"我跑了好多地方，早晨到你家里，他们回说已经走了。我又到外滩谋福轮上去找，韦玉告诉我你又下船去了。她猜是到宏文去的，果然，给她猜着了。"他指指自己已经湿透了的雨衣，"快十一点了，咱们去吃中饭去。"

　　章明和祖平抬头看看鸣之，没有说什么。亦平似乎不愿意使鸣之发觉他的留恋，假作爽直地："不，不，我现在马上要上船去呢。"

　　"让我来请你吃一餐中饭吧，你的高足也一同去。你要去了，也得和他们多谈一会，我知道他们两个今天一定很难受的——失了一个好的导师。"

章明是一个多情感的人，含在眼里的泪珠再也忍不住了，一直滚下来，落在他的衬衫上。

雨渐渐地小了，但是地上的水依旧积得很多。他们四个默默地走入一家菜馆去。

这狭小的房间，是他们常常见到的，然而在今日，他们却觉得有些异样，各自怀着抑郁的心，坐在热气正盛的菜馔的面前。

"亦平，喝点酒吧！"鸣之在这团体里，是打破沉默的一个有力的分子，"你们也少喝一点。"他们又默默地喝了酒。

"你们不应该以自己的私情来希望李先生再逗留在上海的。现在不是平常的日子，李先生又不是一个耽於安乐的人，他这次到内地去，我非常赞成他。在这死气沉沉的都市里，太使他失望了。我们要做一些救亡工作，自然应该到内地去的。那么，为祖国打算，他的走是有相当的理由的。"鸣之毫不客气地对他们两个说。

亦平心中的愁云又被鸣之的几句话打开了，他又紧紧地："真实自己肯努力的人，在无论什么环境里都肯努力的，不必一定要有一个人在前而领导。你们两个已经打定了基础，自己也有了门径了，只要肯向上，一定有成就的。同时，教书各人的主张不同，各人的手法不同，换一个教师，也许给你们有更多的帮助——下学期，校里已经决定请这位赵鸣之先生来接我的课了，他一定会更努力地指导你们的。我所以放心地离开你们，也正是因为有了妥当的继任人的缘故。"

"亦平，但是我还不能确定这问题，我也许也要离开上海。"

"你？"亦平张大了眼，章明和祖平也露出失望的眼光。

"但是你放心，我为了你，至少得维持半年的。"鸣之又在安慰他们。

雨停止了，天上又露出些微的阳光来。在海滩上，更没有一丝海的伟大和奇突，只有几只沙鸥，偶然飞来停在高大的轮船上，又霎时便飞散了。

他们四个立在谋福轮的甲板上，大风吹动了他们的头发，一阵低气压的潮湿味儿直逼入人们的心胸。亦平又沉思地在瞧着船中上上下下的人。这里声音很嘈杂，人也挤得很多。突然一声破碎的汽笛声，短促而宏大的，每个人的心受了刺激，上下的人更多了。他们的脸上也更多了紧张的表情。

接着又是一阵汽笛的悲呼声，船身笨重地慢慢地离开了岸。岸上的人起了一阵欢呼，举起几千几万只离别的手来。船终於去远了，远了，消失在无际的海天的那一线上。

他们三个——在岸上的三个送行者，被拥在这一群人群里。酷热的阳光直灼在他们身上，但是他们的忧郁却远超於热日的煎迫。人众渐渐散了，码头上只剩几只船只静静地躺着，偶然有几个人走来，又毫无表情地走了。

章明觉得似乎失了凭依似的，呆呆地望望天，又看看自己脚上被泥泞弄脏了的套鞋，自言自语地：

"他走了。"

鸣之现在也觉到一种离别的悲苦，然而他是一个坚定的人，立刻又是一种正义来扑灭了这悲哀。他挽住这两个青年的手，轻轻地：

"咱们也该回家了。"

十天以后，祖平和章明从鸣之那里得到了亦平给他们的信，他们怀念亦平的心情变成了继续努力的勇气：

　　一年来的聚首，使我们增深了现在离别的愁思。但是"天下无不散之筵席"，我们只要互相不忘记，又何必拘拘於形体上的聚会呢？

　　我到了这里以后，精神上舒服得多了，空气也比上海好，物质上也感受了满足。这是应该告诉你们的。

　　记得你们曾要求过我将这一年来所讲授的作文上的许多问题来一个综合的研究。当时因为有病，后来又因为赶紧结束功课，所以没有答应你们。我到此地以后，一则心绪未定，二则手头又没有什么书，同时，所讲授过的完全是缺少系统而偏重趣味的东西。将来有暇，定得写成一部有系统的书，这也是我自己蓄志已久的事。

　　现在我想解答你们久已怀着疑问的问题："怎么可以使我们去欣赏更深奥的文言文和创作文章？"我以前所说的，都是种种理论和经验，但是单知道了它而自己不加以努力，也是不成功的。

　　从前人作文，不是注重三到——心到，口到，眼到——吗？我们再进一步说，便是"多看""多想""多写"。你们能实行这三项，一定可以得到更多的好处，同时对於我以前所说的理论，会有更深切的了解。

　　"多看"和"多想"是有相当的关系的。从前人说"熟读深思"。《论语》上说"学而不思则罔，思而不学则殆"，也是"读""思"并重的意思。古代私塾里只重读，不重理解，所以没有用；但是只注於了解，而不用记忆力，也是没有多大用处的。所谓"思"是指"思考"而言，即是宋儒的所谓"穷理"。中国字中一字数义的很多，例如"长"字，我可以在你们读过的书中找出四个不同的意思来。

　　（1）长短的长。——《孟子》："绝长补短。"

　　（2）善也。——《记冯婉贞事》："西人长火攻而短射击。"

　　（3）首领也。——又："众推三保为长。"

（4）长大。——《扁豆》："阶上长遍了杂草。"

其中尤其是虚字，词语上如此者也很多。例如"经济"两字，可以做"财力"讲，又可以做"节省"讲。一篇文章里用了它许多意义中的一个，要你们从上下文中去辨别出来的。如果泥定一个解释，便容易到处碰壁了。

所谓"思"便应该记住一个字或一个词头的活用法，也应该记住别人文章中精彩而有趣的地方。不单要记住它，并且要思考出它的理由，在不规则中归纳出一个方式来。"多看"使你接触文章的机会增多，"多想"使你不让这机会白白地放过去。

"多写"并不单是指习作而言的，所谓"多写"乃是多动笔的意思。你们不要误会，以为练习只是教室内的作文，实则一切人事上的需要，像写信，写便条等等，无一不是练习自己文笔的机会。要如何才可以将自己的思想情感或事实非常具体地写述出来，全重在平素的练习的。

练习写作，在教室里所得的益处不怎么多。因为教师一个人所想到的题目，一定是普通而不一定每个同学都喜欢做的，一勉强便成为敷衍了。我在你们的作文里，也曾发现过不少敷衍的作品——一点也不用力，随手写几句不关痛痒或人云亦云的话。这样非但没好处，而且反养成了草率敷衍的恶习惯。

如果肯留心的人，希望自己写作能力进步的人，他不单在作文时用心来习作，在平日一定也有用以自己练习的东西。第一种最普遍的东西便是笔记了。笔记之中伟大的，如顾炎武的《日知录》，有三十二卷，他用了三十多年的功，将平时读书的心得记下来，成功了这一部伟构。钱大昕的《十驾斋养新录》和王念孙的《读书杂志》，都是平日用心所积成的巨著。因为一个人脑力有限，所以"多写"可以帮"多想""多看"的忙的。其次一种，便是日记。日记，不单是记每日起居的琐节，各时各地自己所发生的感想议论，或认为有价值的别人的考证，都是日记中的材料，例如华桐流衲的《甲行日注》，多载自己游历的风味；又如李慈铭的

《越缦堂日记》，它的内容也是和笔记差不多的。他们对於一些小小的问题，或者记录自己的疑虑，或者写出自己的心得，或者引证别人的考证，或者驳斥已成立的议论，或者发抒自己的卓见。一方面可以练习自己的写作，一方面又可积蓄写作的材料，它的益处是很大的。其他尚有所谓随笔，如宋代洪迈的《客斋随笔》一直到写到《三笔》《四笔》。尚有所谓《笔谈》《丛话》，这些都是日记、笔记的变名而已。

所以"多看""多想""多写"这三种是相提并重的。单是看而不想，只是"走马看花"而已；单"看""想"而不"写"，也只是"过眼云烟"，今天想了，明天也忘了。做日记、笔记是督促自己再好的方法，也是使自己多看多想的好方法。对於一个问题发生了兴趣以后，便会忘了麻烦地孜孜不倦去探讨，去研究，比拟一个题目、写一篇敷衍文章有用得多了。

你们的作文，文字上毛病可以说大半已没有了，然而思想上却空疏得很，这空疏也得要仗多看多想多写来充实的，否则哪怕你文章表面如何漂亮，也不过是一个"绣花枕头"而已。作文上表面的修饰和重要的关键，我已告诉了你们，但是思想上的缺陷，是要你们自己的努力来补救的。

你们这许多人之中，最使我系恋的是章明，因为他的身世是那么不幸，而他自己又如此渴望着知识。祖平很聪明，肯和章明交朋友，多知道一点人间的苦况，也是有益的事。现在章明的舅舅不是做生意赚了不少钱吗？我想他以后读书的费用是不成问题了。我希望他会更加努力，不但国文一科如此。这里我又有一信是劝赵鸣之先生来接任我的功课的。他是一个热诚的人，不但和我交谊很笃，并且我也深佩他的学问。你们能听他的领导，一定可以获得更多的知识和学问。我相信我和他是站在同一条路线上的，他的教学经验比我更丰富。我不能将你们随便交给一班乌烟瘴气的人，所以毅然对校方提出了这个要求。赵先生近来怎么样？他肯教你们，是你们的幸福呢。

以后，我的工作会更繁重起来，也许不能抽暇

常常写信来给你们了，但是你们努力与否，我一定
会知道的。如果你们还牵念着曾教过你们一学年的
老师的话，只要功课上努力些，只要学业与日俱
进，便是给我无上的安慰了。如果有什么学业上的
探讨、问题的研究，写信来问问我，我一定乐意接
受，而且愿意抽出百忙的时间来答复你们的。

　　孩子们，努力吧，在这祖国动荡着的时代，应
负起你们的责任来。我们互相勉励着吧！